폐교,
문화로 열리다

* 이 책은 방일영문화재단의 지원을 받아 저술 · 출판되었습니다.

폐교,
문화로 열리다

문화 공간으로 살아난 전국 폐교 답사기

백현충 지음

산지니

부산 서구 아미동 산복도로에서 송도로 가다보면 중간에 초장동이라는 동네가 나온다. 그곳에 '초장국민학교'가 있었다. 학교는 개교 10년 만인 1978년 2월 문을 닫았다. 마지막 졸업식 때 모든 아이들이 펑펑 울었다. 정든 친구나 선생님과 헤어지는 것이 서러움의 전부가 아니었다. 어쩌면 어린 나이에도 '사라진다'는 것의 두려움과 서글픔을 알았을지도 모르겠다.

초장국민학교 마지막 졸업생 명단에 필자도 끼어 있다. 수십 년째 동창회가 열리고 있고 어느덧 오십 줄에 들어섰지만 그래서 필자는 아직도 막내 기수다.

'폐교 문화공간'에 관한 책을 쓰기 위해 지난해 여름부터 주말마다 전남 해남에서 강원도 화천까지 전국을 떠돌아다녔다. 그런데 묘하게도 폐교란 폐교는 모두 초장국민학교와 닮았다는 느낌이 들었다. 분명히 처음 간 폐교인데도 어릴 때 그곳에서 공부를 하고 논 것 같은 기시감이 들었던 것이다. 하지만 곧 깨달았다. 사라진 것에 대한 추억은 비단 필자만의 것은 아니라는 사실을 말이다.

이 책을 쓰게 된 동기를 제공했던 폐교사랑모임이 결성된 것도 같은 맥락이었다. 한국판화예술연구원 채경혜(판화가) 대표가 2011년 3월 제안했는데, 막상 판을 벌여놓고 보니 의외로 많은 사람들이 관심을 가졌고, 회원으로도 가입했던 것이다.

모임은 당시 시골뿐 아니라 부산이라는 대도시에서도 폐교가 하나둘 생기고 있다는 데 자극받은 예술인들이 폐교 활용의 좋은 사례를 연구하고 이를 통해 지역사회에 기여하자는 취지로 시작했다. 결성 이후 매달 한 차례 전국 폐교 문화공간을 탐방했다. 필자도 결성 회원으로 참가해 1년여 동안 경상도 지역의 폐교 문화공간을 두루 둘러볼 수 있었다. 모임이 흐지부지된 이후에도 개인적으로 전국을 주유할 수 있었던 추동력은 사실 그때 길러졌다.

'건설'보다 '재생'이 더 큰 화두가 되고, 건강한 지역문화생태계 활성화를 이야기하고 있는 지금, 폐교 문화공간은 여러 경로를 통해 새롭게 재조명되고 있다.

공간은, 무엇을 담느냐에 따라서 가지는 의미와 가치가 달라진다. 폐교가 다른 그 무엇도 아닌 문화라는 내용을 담을 때 공간이, 그 지역이 어떻게 바뀌는지를 관심 있게 지켜본 필자는 그 공간을 설계하고 운영하는 사람들이 그냥 허투루 보이지 않았다.

그런 점에서 이 책이 문화공간으로 활용되고 있는 폐교와 그 운영자의 존재감을 알리고 대중적 관심을 촉발하는 데 일조했으면 하는 바람이다.

출간까지 도움을 주신 분이 많다. 각 폐교 문화공간의 운영자는 물론이고, 폐교사랑모임 회원들, 폐교 문화공간을 연구 대상으로 삼을 수 있도록 조언한 민병욱 부산대 대학원 지도교수님, 산지니 출판사 강수걸 사장님과 양아름 편집자님, 개념도 도안을 책임진 권문경 팀장님, 교정을 봐준 고영란 님, 그리고 이 책이 나올 수 있도록 마중물을 마련해준 방일영문화재단 등 모두에게 감사 인사를 드린다. 참, 주말마다 폐교 여행을 떠난다고, 밤마다 컴퓨터 앞에 붙어 앉아 글 쓴다고 타박(?)한 가족에게도 이 책을 작은 위안으로 삼았으면 좋겠다는 말을 전한다.

차례

폐교 문화공간

경북 영천 가상리는 행정 동(洞)보다 별칭인 '별별미술마을'로 더 잘 알려져 있다. 인터넷에서 별별미술마을을 치면 수십, 아니 수백 건의 검색 결과가 쏟아진다. 별별미술마을은 정부의 공공미술 프로젝트 중 하나다. 평범한 농어촌에 예술 작품을 설치해 이른바 '미술마을'로 바꾸는 작업이다. 그 첫 대상이 영천의 가상·화산·귀호리였다. 덕분에 마을의 오래된 담장과 우물, 빈집, 정미소가 어느 날 갑자기 예술작품처럼 새롭게 주목받았고, 주민의 삶을 기록한 마을 박물관도 새로 생겼다. 이를 구경하고 싶은 사람들이 전국에서 모여들었고, 이를 계기로 주민들은 새로운 자존감을 얻었다. 마을에는 걷는 길, 바람길, 스무골길, 귀호마을길, 도화원길 등 5갈래 길도 조성됐다. 원래 없던 길이 아니라 이름을 새로 얻은 길이었다. 그 프로젝트 이름이 '신몽유도원도'였다. 옛 그림 '몽유도원도'처럼 신선이 노는 행복한 마을을 만들자는 바람이 깃든 셈이다. 그런 행복을 함께 느끼기 위해 2014년에만 이 마을을 찾은 여행자가 수만 명에 달했다.

이 모든 변화가 갑자기 이뤄진 것은 아니다. 큰 변화가 있기까지 수없이 많은 작은 변화가 지속적으로 있었다. 그 변화 중 빼놓을 수 없는 것이 시안미술관이다. 아이들이 부모와 함께 도시로 다 떠나버려 문을 닫은 화산초등학교 가상분교를 개조해 만든 시안미술관은 별별미술마을을 잉태한 변화의 추동력이었다. 폐교에 들어선 미술관이 사람들을 끌어모았고, 그것이 언론과 행정의 주목을 받아 새로운 투자를 이끌어냈던 것이다. 미술관과 마을의 결합은 또 다른 투자를 불러 모으고 있다. 영천시는 40억 원의 예산을 들여 가상리 일대를 재정비하는 사업을 이미 시작했다. 2015년에 공사가 끝날 이 사업은 도농교류센터, 마을회관, 숙박시설, 체육시설, 정원, 연못 등을 새로 만들어 주민생활을 또 한 번 획기적으로 바꾸게 될 것이다.

마을과 삶을 바꾸다

시안미술관처럼 마을을 변화시키고 그 구성원들의 삶의 질을 개선하는 데 추동력이 된 폐교 문화공간은 의외로 많다. 그중 일부는 아주 잘 알려졌고, 또 다른 일부는 아직 빛이 가려져 있을 뿐이다. 경남 밀양 밀양연극촌, 강원도 화천 시골마을 예술텃밭 뛰다와 평창 감자꽃스튜디오 등도 시안미술관처럼 이미 잘 알려진 사례에 속한다. 특히 밀양연극촌은 1999년 폐교된 월산초등학교를 개조한 연극촌으로, 연극촌이 도시 관객을 대거 불러들여 유명해지자 밀양시는 2007년 2월, 정부의 '살기좋은 마을 만들기 사업'을 유치해 무려 64억 원의 예산을 확보했고, 이를 통해 연극촌 주변 가옥과 산책로의 연꽃단지와 퇴로고가마을 등을 새롭게 정비하는 성과를 이끌어냈다. 밀양연극촌은 지금 초기보다 훨씬 더 많은 관객을 끌어모으고 있으며, 밀양 최고의 '핫한' 관광지로 부상했다.

평창초등학교 노산분교를 개조한 감자꽃스튜디오는 영천이나 밀양처럼 대규모 정부 투자를 끌어내 마을 지형을 획기적으로 변화시킨 것은 아니다. 하지만 문 닫은 폐교를 어떻게 활용할 것인가에 대한 수많은 예술가와 행정가들의 질문에 유효한 정답을 제시한 사례로는 꼽을 수 있을 것 같다. 대부분 폐교 문화공간이 특정 장르에 국한돼 활용되고 있는 상황에서 감자꽃스튜디오는 주민과 이주민, 외부 사람 모두를 소통시키는 복합문화공간으로 발돋움하는 데 성공했다. 감자꽃스튜디오 이선철 대표는 "예술과 자연, 그리고 마을이라는 핵심 가치와 함께 문화를 통한 지역 발전의 비전을 추구하는 공간이 감자꽃스튜디오"라고 정의했다. 감자꽃스튜디오는 이곳이 학교였다는 사실을 잊지 않았고, 매년 학교를 떠올리게 하는 봄소풍(마을축제), 분교캠프(마을캠프), 가을운동회(레포츠), 성탄극장(주민 송년회)을 치렀다. 이쯤 되면 폐교가 아니라 '학교보다 더 큰 학교' 역할을 하고 있는 셈이다. 청소년과 장애인, 노인, 다문화가정을 위한 각종 문화 프로그램도 감자꽃스튜디오에서 수시로 개발되고 있다. 또 음악, 미술, 연극, 무용, 심지어 사진이나 영상, 놀이와 관련된 예술가들도 초청해 지역민들과 협업하는 시스템을 구축했다. 감자꽃스튜디오의 이런 사업을 눈여겨보면 전국 각지의 공무원과 대학교수, 시민·문화단체 관계자들이 왜 강원도 평창에서도 오지로 소문난 이곡리를 찾는가를 짐작할 수 있다.

폐교는 '문을 닫은' 학교다. 문을 닫은 데는 여러 가지 이유가 있겠지만, 국내의 경우에는 학생 수가 급격히 줄어 더 이상 학교로서의 기능을 할 수 없었던 것이 가장 큰 이유로 분석된다. 교육부의 '폐교관리현황'에 따르면 2014년 6월 30일 기준으로 폐교는 전국 3천 595곳에 달했고, 그중 어떤 용도로든 활용되고 있는 폐교가 999곳에 이르렀다. 하지만 문화시설로 재활용된 사례는 고작 84건에 그쳤다. 그동안 폐교 문화공간의 조성을 독려하기 위해 법 개정이 여러 차례 이뤄졌지만 정작 실현된 사례는 많지 않은 것이다. 그것이 행정의 잘못일까, 아니면 예술가나 기획자의 무관심일까?

그럼에도 문화공간으로서의 폐교 재활용은 희망적이다. 장르부터 다양해졌다. 초기에는 시각예술이 거의 대부분이었으나, 지금은 연극, 음악, 전통, 박물관, 미술관 등으로 다각화되고 있다. 활용 지역도 산골 오지에서 대도시 변두리까지로 폭이 넓어졌고, 운영 주체는 특정 장르의 예술가에서 기획자, 예술단체, 지자체, 기업 등으로 확대되고 있다. 그 덕택에 2010년을 전후해서는 복합문화공간이라는 개념의 폐교 문화공간이 잇따라 생겨났다. 강릉 예맥아트센터, KT&G상상마당 논산, 남해국제탈공연예술촌, 부산 감만창의문화촌 등이 그런 사례로서, 문화적으로 소외된 지역에서 새로운 문화 거점으로 주목받고 있다.

　　그중 강릉 예맥아트센터는 폐교 이후 15년 동안 방치된 공간을 청소년 문화예술 시설로 탈바꿈하는 데 성공했다. KT&G상상마당 논산은 논과 밭밖에 없던 농촌 폐교가 기업 지원에 의해 어떻게 변할 수 있는가를 보여주었다. 폐교로 고향을 등진 청소년들은 KT&G의 시설 개·보수 후 공간을 다시 보게 됐으며, 그 결과 주말은 물론이고 평일에도 아이들의 웃음소리가 그치지 않고 있다. 사실 문화공간이라고 해서 특별한 것도 아니다. 갤러리와 아틀리에, 아트홀(공연장)도 있지만 청소년들이 정말 가까이하고 싶은 문화공간은 따로 있다. 그것을 KT&G상상마당 논산이 제공했다. 국내 신진 디자이너의 디자인 상품을 전시한 공간의 경우 아이들에게 다양한 상상력을 자극했고, 미디어실과 포토라운지, 스튜디오는 장르에 구애받지 않고 새로운 예술 세계를 실험할 수 있는 공간이 됐다.

　　남해국제탈공연예술촌은 박물관과 공연장을 동시에 기능하는 복합문화시설로 인기를 얻고 있다. 특히 남해는 영화관 하나 없던 지역이라는 점에 비추어볼 때 예술촌이 주최한 영화제가 지역 아이들에

게 특별한 가능성을 열어주고 있다는 평가를 받고 있다. 부산 감만
창의문화촌은 문화란 특별한 날, 특별한 이벤트로 즐기는 것이 아니
라 퇴근 후, 귀가 후, 혹은 일하면서 수시로 들러 삶의 휴식처럼 호흡
할 수 있는 것으로 생각하게 만들었다. 비록 상당한 공간을 부산문
화재단이 전용하고 있지만, 그 외의 공간은 거의 대부분 주민들에게
할애했다. 멀티미디어실, 도움방, 나눔방, 배움방, 세움방, 어울림방
등의 이름에서도 각 공간의 쓰임을 이해할 수 있다.

'고정관념'을 깨트리다

이들 사례에서 보듯이 폐교 문화공간은 창작, 전시, 공연뿐 아니라
체험, 교육, 휴식 등의 공간으로도 기능하고 있으며 생활문화의 확산
과 지역 커뮤니티의 거점으로 재정립되고 있는 것이다. 폐교는 문화
공간이면서도 생활공간으로 거듭나고 있다. 이는 문화가 특정 계층
의 향유물이라는 오래된 고정관념을 깨뜨리는 데에도 크게 기여했
다. 박물관이나 미술관, 공연장도 마찬가지다. 종전에는 수요가 많은
대도시에 있어야 한다고 생각했지만 폐교를 재활용한 박물관과 미
술관, 공연장의 잇따른 성공 사례는 이런 관념을 바꿔놓았다. 심지어
일부 박물관과 미술관, 공연장은 도시의 것보다 훨씬 더 많은 관람객
을 불러들이고 있다. 사람들도 먼 거리와 여러 가지 불편에도 불구하
고 스스로 찾아오는 수고를 아끼지 않는다. 왜 그럴까?

충남 당진 아미미술관 박기호 관장은 "일종의 여유 덕분"이라고
설명했다. 도시 갤러리에서 가질 수 없는 여유가 폐교 미술관에서 느
껴진다는 얘기다. 즉, 도시 갤러리는 전시회만 하는 데도 공간이 부
족하지만 폐교 미술관은 그렇지 않다는 것이다. 아미미술관만 하더

라도 갤러리 외에도 작가 작업실, 일반인을 대상으로 하는 강습실 등
이 있다고 했다. 또 결혼식을 앞둔 예비부부들이 연미복과 웨딩드레
스를 입고 일부러 찾아와 사진을 찍을 정도로 풍경이 좋은 것도 사
람들로 하여금 여유를 갖게 한다고 박 관장은 덧붙였다. 이 모든 것
이 어우러져 아미미술관의 이미지를 상승시켰고, 신문과 방송 같은
기성 언론이 아니더라도 네티즌을 통해 우호적인 분위기가 형성됐
다는 분석이다. 그는 "미술관에 와서 그림만 보고 가는 것은 아미미
술관을 찾는 동기가 아니다"라며 "학교의 흔적도 찾고, 그곳에서 작
업하는 사람들의 표정도 살피고, 다른 관람객의 반응도 함께 즐기는
복합적인 이유가 있다"고 풀이했다.

　폐교된 용화초등학교 자계분교를 사용하고 있는 충북 영동 자계
예술촌 박연숙 대표의 생각도 비슷했다. 도시에서는 꿈꿀 수 없는 작
업을 폐교의 넓은 공간에서 하고 있고, 그런 여유가 관람객들로 하여
금 또 다른 여유를 가지게 한다고 말했다. 그래서 공연 이름부터 '산
골공연예술잔치'이고 '산골마실극장'이기도 하다고 그는 덧붙였다.
박 대표는 "처음에는 동네사람들, 그 다음에는 이웃마을사람들, 그것
이 영동과 무주 사람들로 확대됐고, 지금은 소문이 잘 나 전국에서
찾아온다"며 "자계예술촌이 있는 용화면 인구가 1천 명가량 되는데,
여름에 사흘 동안 열리는 산골공연예술잔치에만 그 이상의 관람객이
찾고 있다"고 말했다.

　그러나 아직은 성공보다 실패 사례가 더 많은 것이 폐교 문화공간
의 현실이다. 수많은 예술가와 기획자가 폐교를 문화사업 성공의 발
판으로 생각하고 도전했지만, 얼마 지나지 않아 쓸쓸한 표정으로 돌
아선 사례를 주변에서도 쉽게 찾을 수 있다. 실패는 운영자뿐 아니
라 마을과 주민에게도 상처를 남겼다. 장관 출신의 예술인이 주도한

강원도의 한 연극촌은 예산 특혜와 행정 지원에도 불구하고 해당 지역에 안착하지 못했고, 주민들과도 심각한 갈등을 빚었다. 경남의 한 예술촌도 처음에는 좋은 반응을 얻고 시작했지만 상주하는 시간이 점점 줄어들면서 폐교 시설을 제대로 관리하지 못했고, 결국 주민들의 원성을 들으며 폐교 문화공간을 떠나야 했다.

그나마 성공 사례로 손꼽히는 폐교 문화공간도 고민이 깊은 것은 마찬가지다. 부산 강서구 천가초등학교 천성분교를 임대한 록봉민속교육박물관은 높은 임대료와 1년 단기 계약이라는 조건 때문에 늘 불안하다. 록봉민속교육박물관 염춘자 관장은 "1년 단위의 임대 계약으로는 장기 프로그램을 만들 수 없다"고 말했다. 염 관장은 "처음에 3년 계약을 맺었는데, 공시지가가 올랐다면서 이후 매년 임대료를 올렸다"며 "부가가치세를 포함해 첫해 5천여만 원, 이듬해 6천여만 원, 그 다음해에는 7천여만 원을 냈다"고 답했다. 그는 임대 계약이 3년이면 3년 동안 동결하는 것이 상례가 아니냐고 따졌더니 그다음 해에는 아예 1년 계약 조건을 내걸었다고 볼멘소리를 했다.

무상 임대의 효과들

록봉민속교육박물관의 경우처럼 많은 폐교 문화공간은 높은 임대료를 시설 활성화의 걸림돌로 여기고 있다. 경남 창원 마산아트센터는 매년 1천 300만 원의 임대료를 내다 4년 전부터 창원시로부터 무상 임대에 준하는 혜택을 받고 있다. 같은 지역에 있는 아츠풀삼진미술관과 구복예술촌도 무상 임대다. 그중 구복예술촌은 무상 임대로 절약된 예산보다 훨씬 더 많은 자금을 마을 축제인 '바다예술제'를 치르는 데 사용하고 있다. 무상 임대가 운영자로 하여금 더 나은 기획과 운영의 묘미를 발휘할 수 있게 했던 것이다.

강원도 영월은 박물관 특구로 지정될 정도로 많은 폐교를 박물관으로 만들었지만, 이들 폐교도 모두 무상 임대되고 있다. 그것이 더 경쟁력 있는 콘텐츠 운영자를 영월로 오도록 했으며, 실제로 그 효과는 영월군이 감면한 임대료보다 훨씬 컸다. 영월미디어기자박물관은 전국에서 유일한 언론박물관이나 다름없다. 그 박물관도 처음에는 영월을 선호하지 않았다. 영월미디어기자박물관 고명진 관장은 당초 아내 고향인 단양으로 갈 생각이었다고 말했다. "그런데 영월에서 폐교를 박물관 공간으로 내어준다는 소문을 듣고 신청했는데 덜컥 받아들여졌다"고 말했다. 그는 "우리는 다행히 큰돈을 들여야 하는 소장품이 없지만, 그만큼 수익 모델도 마땅치 않아 무상 임대가 아니면 박물관 자체를 운영하기가 힘들다"고 했다.

같은 지역의 인도미술박물관도 영월에 터를 잡은 주요 이유 중 하나가 폐교 공간의 무상 임대였다. 인도미술박물관 박여송 관장은 "영월과 아무런 연고가 없다"면서 "영월의 적극적인 박물관 유치 정책과 무상 임대 조건에 이끌렸다"고 밝혔다.

영월에는 2014년 기준으로 23개(천문대 포함)의 박물관과 미술관이 있다. 인구 4만 명의 소도시에서 쉽게 구축할 수 있는 문화 인프라가 아니다. 다른 도시에서는 필요 없다면서 방치했거나 매각한 폐교로 성취한 것이다. 영월의 폐교 재활용 정책을 보면 행정의 묘미를 어렴풋이 깨달을 수 있다.

폐교 주인은 누구?

폐교의 주인은 지방자치단체도, 교육청도, 운영자도 아니다. 그 학교를 다녔던 졸업생과 주민들이 진짜 주인이다. 특히 시골의 경우 학교를 처음 설립할 때 주민들이 십시일반으로 땅을 내놓고 공사를 벌인 경우가 흔하다. 법적 소유권은 교육청이 가지고 있지만, 폐교 활용에 있어서 주민 정서를 무시할 수 없는 이유도 그런 배경 때문이다. 그럼에도 많은 폐교 문화공간 운영자들이 이를 간과해 주민들과 갈등을 일으키고, 결국 손을 털고 나오는 악순환이 반복되고 있다. 반면 성공 사례로 꼽히는 폐교 문화공간의 운영자들은 주민 관계를 잘 만든 것이 지역에서 자리를 잡게 된 계기가 됐다고 이구동성으로 말한다.

영월미디어기자박물관 고명진 관장은 "폐교는 마을의 문화공간"이라고 아예 선을 그었다. 자신이 운영자라고 하더라도 결코 마음대로 할 수 있는 공간이 아니라는 말이었다. 그는 "폐교를 외지인이 활용하는 것에 주민들이 거부 반응을 보이는 것은 당연하다"며 "주민들에게 더 많은 친화 노력을 보여야 하는 것은 순전히 운영자의 몫"이라고 잘라 말했다. 영월미디어기자박물관은 이를 위해 박물관 고유의 작업 외에도 매월 마지막 수요일 '마을영화관'을 개설해 주민들을 초청하고, 식사도 대접하면서 외지인 운영자에 대한 선입견을 걷어내는 데 치중하고 있다고 고 관장은 설명했다. 그는 또 "내가 사진기자 출신이라 인근 소규모 학교의 졸업앨범을 무료로 만들어주거나 강원문화재단으로부터 예산을 지원받아 시니어 신문을 만드는 일을 돕기도 한다"고 밝혔다.

마산아트센터 김창수 관장도 "마산아트센터가 위치한 진전면 양수리는 마산에서 민원이 가장 많기로 유명하다"며 "그럼에도 마산아트센터에 대한 민원은 거의 없다"고 단언했다. 그는 그만큼 주민 관계가 좋다는 얘기라고 설명한 뒤, "폐교를 개조할 때부터 주민 의견을 가장 중시했으며, 늘 진정성을 보이기 위해 끊임없이 노력한 결과"라고 강조했다. 그는 특히 "양수리의 경우 외지에서 들어와 시내로 출퇴근하는 사람들이 많은데, 이들이 토박이들과 충돌하는 경우가 더러 있었다"면서 "마산아트센터를 토박이와 이주민 모두를 위한 커뮤니티센터로 기능할 수 있도록 한 것도 지역 안착에 큰 도움이 됐던 것 같다"고 말했다. 그는 하지만 어떤 경우에도 마산아트센터가 주도하는 느낌을 받지 않도록 하는 것이 중요했다며 "주민 스스로 모든 문제를 풀어갈 수 있도록 폐교 문화공간 운영자는 절제심과 시간적 여유를 갖고 기다려야 한다"고 충고했다.

경남 밀양 미리벌민속박물관 성재정 관장의 아들인 윤석 씨는 "한때 주민들과 심각하게 대립한 적도 있었다"며 "그때 주민들과 갈등하면 운영자만 손해 본다는 사실을 깨닫고부터 진정한 관계 개선에 나섰다"고 말했다.

강원도 평창 감자꽃스튜디오 이선철 대표는 "감자꽃스튜디오는 평창군청의 재산이고, 이는 마을사람들 전체를 위한 시설이라는 생각을 늘 갖고 있다"면서 "하다못해 외부인 숙식도 감자꽃스튜디오 시설을 활용하면 충분히 해결할 수 있지만 결코 그렇게 하지 않는다"고 말했다. 작은 이익을 보려는 순간부터 주민들과의 관계가 뒤틀릴 수 있기 때문이다. 그는 주민 관계의 경우 큰일보다는 사소한 마찰이 조금씩 쌓여 더 이상 풀 수 없는 지경에 이르는 경우가 많다며 폐교 운영자라면 이를 명심하는 것이 좋다고 충고했다.

따라서 마을사람들과 대화를 나누는 기회를 자주 갖고, 좋은 친구로서 역할을 할 수 있는 자세와 마음을 갖는 것은 폐교 운영자로서

필수 조건에 속한다. 강원도 원주 후용공연예술센터 원영오 대표는 "비슷한 또래의 청년들과 소통하려고 애썼다"며 "술도 마시고 얘기도 나누고, 그런 과정을 통해 서로의 어려움을 이해했고 도울 수 있는 방법을 찾게 됐다"며 "나중에는 부녀회 사물놀이팀과 할머니 중창단을 만들고, 마을지도 그리기를 통해 서로의 마음을 전하는 이벤트도 가졌다"고 말했다. 후용공연예술센터의 연극 '그 시절 언니들', '생활 속 관절 체조', '풍물학교' 등의 프로그램은 그런 토대 위에서 잉태됐고, 사심 없이 시작했기에 성공 사례로 손꼽힐 수 있었다. 충북 청주 653예술상회 이종현 대표는 시각 예술가임에도 주민 관계 개선을 위해 아예 통장을 자임하기도 했다. 이 대표는 "처음에는 알력이 심했다"고 전제한 뒤 "나중에 이래서는 안 되겠다 싶어 먼저 다가가서 인사하고 궂은일은 도맡아 처리했다"고 답했다. 그는 그러나 막상 통장을 맡고 보니 "창작공간 안에서 조용히 작품 활동만 하는 것이 예술이 아니라 공동체 속으로 깊숙이 들어가 마을을 함께 바꾸고 삶의 질을 높이기 위해 고민하는 것 자체가 생활 속의 예술 활동이라는 사실을 깨달았다"고 밝혔다.

그는 "고립적 행동이 정착하는데 걸림돌이 될 수 있다"며 "조용히 혼자서 작업하고 주민들과의 접촉도 최소화하려는 예술가적 속성을 깨뜨려야 한다"고 조언했다.

개조 작업에 대한 지나친 규제와 간섭도 폐교 문화공간 활성화에 방해물이 될 수 있다고 운영자들은 지적했다. 특히 지자체보다 교육청의 간섭이 더 심각했는데, 이를 제도적으로 개선할 수 있는 방법을 국가 차원에서 모색해야 한다고 목소리를 높였다.

강원도 정선 아라리인형의집 안정의 대표는 "북평초등학교 나전분교에 처음 들어온 것은 1998년이었는데, 당시 폐교 관리권을 정선교육지원청이 가지고 있어 시설 개조가 불가능했다"며 "이 때문에 박물관 설립은 꿈도 꿀 수 없었다"고 말했다. 박물관 개조 작업은 결국 2002년 정선군으로 폐교 관리권이 넘어간 뒤 이뤄졌다. 아라리인형의집은 지금 인형극 전문 인형박물관으로 큰 명성을 떨치고 있다.

영월곤충박물관 이대암 관장도 "교육청 소유의 폐교는 문화예술 측면에서 별 소용이 없을 정도"라며 "원상복구 아니면 기부채납이니 제대로 할 수 있는 것이 없다"고 하소연했다. 그는 특히 "폐교를 그대로 뒀으면 지금처럼 전국적인 명소가 됐겠느냐"며 "그럼에도 불구하고 교육청 공무원들은 이를 감사해하거나 그렇지 못했을 때의 잘못된 결과, 예를 들어 폐허나 우범지대가 되는 것에 대해 책임지려고 하지 않는다"고 질타했다.

여담이지만, 폐교 관리에 대한 교육청의 무능을 탓하는 운영자도 많았다. 아니, 거의 모든 운영자들이 교육청의 폐교 관리 능력을 불신했다. 록봉민속교육박물관 염춘자 관장은 "문 닫은 지 4개월도 안 된 폐교를 임대했는데 쓰레기 천지였다"며 "이를 청소하는 데 수개월이 걸렸다"고 지적했다. 폐교 쓰레기는 록봉민속교육박물관만의 문제는 아니다. 그럼에도 폐교를 임대하면서 청소비를 지원했다는 교육청은 전국에 단 한 곳도 없다.

죽은 공간이 아니다

폐교 문화공간은 지자체나 교육청의 역할과 도움의 정도에 따라 사회로 환원될 이익도 크게 달라진다. 영월처럼 좀 더 적극적인 자세로 폐교 문화공간에 유치할 콘텐츠를 선정하고, 공간 활성화를 위한 무상 임대와 같은 정책을 추진한다면 그 사회가 받을 혜택도 상대적으로 커지는 것이다. 특히 폐교가 그대로 방치되고 있을 때의 사회적 비용까지 포함한다면 폐교 문화공간의 사회적 기여도는 상상을 초월할 정도로 높다고 하겠다. 특히 미래 자원인 어린이와 청소년에게 문화적 상상력을 자극할 수 있는 복합문화공간으로 폐교가 활용된다면 그 효과는 훨씬 더 크다.

그런 점에서 폐교 문화공간 활성화를 위한 해결책은 역시 콘텐츠와 시설 운용능력, 주민 관계, 그리고 행정 지원 등 복합적인 것이라고 결론 내릴 수 있겠다. 하지만 운영자의 기획도 성패를 가늠하는 잣대임은 틀림없다. 자계예술촌의 경우만 보더라도 같은 재원을 받고도 다른 결과를 만들어 냈기 때문이다. 예를 들어 2004년 정부의 '생활친화적 문화공간 조성사업'은 폐교 문화공간에 대해서도 지원됐는데, 대부분의 시설들은 이를 프로그램 개발비로 다 사용한 반면에 자계예술촌은 시설 개조비로 활용했고, 그 덕택에 지금까지도 큰돈 들이지 않고 안정적인 운용이 가능해졌다고 박연숙 대표는 말했다. 정부와 지자체 지원을 어떻게 활용하느냐가 그만큼 중요하다는 얘기다.

하지만 가장 중요한 것은 폐교를 단지 죽은 공간으로 여기지 않고, 예술과 행정, 그리고 아이디어의 결합으로 완전히 새로운 환경을 조성할 수 있다는 가능성을 끊임없이 확인하고 이를 실현하는 일이다. 그것이 향후 폐교 문화공간 정책으로 이어지고, 그런 정책이 폐교뿐 아니라 다른 폐 공간 활성화로 연결되어 도시 재생이라는 큰 그림이 그려질 수 있도록 해야 한다.

성공 사례로 꼽히는 폐교 문화공간의 운영자들은 묘하게도 공통된 사고를 지니고 있었다. 이들은 하나같이 "폐교 문화공간은 특정인의 것이 아니라 누구나 사용할 수 있는 것이며, 이를 위해 늘 개방적인 사고를 가져야 한다"고 지적했다. 그것이 주민 관계를 호의적으로 만들고, 행정에 탄력성을 부여해 폐교라는 죽은 공간이 다시 문화 꽃을 피우게 되리라고 기대하게 한다. 폐교 문화공간의 활성화는 그런 점에서 상상력과 소통의 능력을 잃은 우리 사회에 새로운 희망 꽃이 될 수도 있다. 그 희망 꽃이 어떻게 피고 있는지를 본문의 여러 사례에서 확인할 수 있으리라 믿는다.

PART
01

연극 보러 산골 가자고?
폐교 공연장

정선아리랑학교

낡고 녹슨 철판에 하얀 글씨가 붙은 '추억의 박물관, 정선아리랑학
교' 입간판이 인상적이다. 교문까지 이어진 길 양편에는 단풍나무를
비롯해 키 큰 활엽수가 줄지어 섰다. 이 때문에 교문 밖에서는 어떤
건물도 보이지 않는다. 입간판이 없다면 이곳이 '정선아리랑학교'라
는 사실도 알지 못한 채 지나칠 수 있다.

진입로를 따라 조심스럽게 걸어 들어가니 차량 진입을 막은 철제
봉 뒤로 운동장이 나타났다. 운동장은 분교에 딱 알맞은 크기다. 가
장자리에는 시소와 철봉, 평균대가 있었다. 하지만 평일인데도, 아이

들은 전혀 보이지 않았다. 그때야 비로소 이곳이 폐교 공간임을 다시 깨달을 수 있었다.

건물은 모두 5채였다. 그중 규모가 가장 큰 일자형 단층 본관이 '추억의 박물관'이다. 교실 두 칸으로 꾸민 추억의 박물관은 아리랑과 관련된 음원과 음반, 영상물, 고문서, 광업 자료, 서화 등을 전시했다. 진용선 정선아리랑연구소장은 "중복된 것을 다 포함하면 자료가 2만여 점에 이른다"고 말했다.

추억의 박물관 오른쪽으로 돌아가면 바닥을 마루로 만든 연극 무대를 볼 수 있다. 박물관 한쪽 벽을 무대 벽으로 삼은 것이 이채롭다. 그 벽을 마주보며 여러 개의 좌석과 긴 의자가 놓였는데, 공연이 없을 땐 휴식공간으로 사용하기에 충분했다. 박물관 뒤로는 옛 창고를 개조한 사무실과 화장실 건물이 있고, 그 뒤에 방문 학생들을 상대로 아리랑을 가르치는 교육관이 있었다. 야외무대 옆으로 난 오솔길

끝에는 정선아리랑연구소와 자료실 건물이 자리 잡았다. 진 소장은 "박물관으로 사용하는 본관과 연구소 건물은 개조했지만 나머지는 새로 지었다"고 전했다.

참고로 추억의 박물관도 2016년 초 마을(신동읍)의 새 건물로 이전된다. 새 건물은 마을회관을 겸한 시설로, 한국농어촌공사가 예산을 마련해 2015년 하반기에 착공될 것으로 알려졌다. 진 소장은 "관람객 편의와 마을 경제 활성화를 위해 추억의 박물관을 마을로 옮기고, 폐교 공간은 정선아리랑연구소 중심으로 활용될 것"이라고 답했다.

정선아리랑학교는 정선아리랑의 전승 보존과 교육을 위해 정선아리랑연구소가 운영하는 학교다. 1993년 8월, 정선군 내 화동초등학교 학생들을 상대로 정선아리랑을 가르치는 프로그램을 진 소장이 처음 개설했는데, 큰 인기를 얻으면서 지금과 같은 정례화된 프로그램 겸 주관 시설의 이름이 됐다. 정선아리랑연구소는 현재 초등학생은 물론이고 중고생과 대학생, 심지어 외국인을 위한 프로그램도 마련하고 있다. 특히 외국인을 위한 프로그램은 그동안 주한 외교관, 유럽 입양아 모임, 일본 고교생 수학여행단 등이 다녀갈 정도로 큰 인기를 끌었다.

정선아리랑연구소

폐교(함백초등학교 매화분교)에 정선 아리랑학교가 들어선 것은 1997년 7월 정선군의 '폐교 문화공간화 사업 지원 계획'에 의해서였다. 정선군은 정선아리랑 공연과 교육 프로그램 확대를 위해 폐교 공간을 무상으로 빌려주었고, 매년 1천600만 원의 시설 운영비도 지원하고 있다.

정선아리랑연구소는 아리랑에 대한 대중적 관심을 더 촉발하기 위해 추억의 박물관과는 별도로, 소장 자료를 데이터베이스화한 웹사이트 '아리랑 아카이브'(http://www.arirangarchive.com)를 2014년 7월 개설했다. 아리랑과 관련한 사이버 아카이브로서는 가장 큰 규모로 평가받고 있는데, 진 소장은 정작 "9년 동안 작업했는데도 아직 10분의 1 정도밖에 구축하지 못했다"며 아쉬워했다. 이 자료는 그가 25년 동안 국내는 물론이고 중국, 러시아, 일본 등을 여행하며 직접 수집한 것이란다. 그중에는 1915년 출간된 잡가집 '무쌍신구잡가(無雙新舊雜歌)', 1942년 일본 제국극장에서 열린 무용수 최승희의 독무 공연 팸플릿 등도 있다.

정선아리랑학교는 강원도 폐교 활용 평가 우수학교(1999), 폐교 문화공간화 사업 모델학교(2000), 유네스코 한국위원회 외국인을 위한 한국문화캠프지(1998, 1999, 2001)에 선정되는 등 폐교를 활용한 문화공간화 사업의 핵심 모델로 일찍부터 주목받았다.

흥미로운 것 하나 더. 정선아리랑학교의 '추억의 박물관' 입장료는 1천500원이다. 그런데 정선아리랑학교가 위치한 신동읍 일대에서 3천 원 이상의 물건을 사면 그 영수증만으로 입장할 수 있다. 지역에 대한 진 소장의 사랑이 참으로 유쾌하다.

♠ 함백초등학교 매화분교

함백초등학교 매화분교는 1963년 1월 9일 개교해 1996년 3월 1일 문을 닫았다. "폐교 당시 2학급이 남았으나 학생 수에 대한 자료는 남아 있지 않다"고 정선교육지원청이 2015년 3월 정보공개에서 밝혔다. 폐교 재산은 토지 6,223㎡, 건물 총면적 216.22㎡였다.

전화 033-378-7856
위치 강원도 정선군 신동읍 매화동길 171(방제리 162)
관장 진용선
관람시간 10:00~17:00(토·일 개관, 나머지 요일은 사전예약), 입장료 1,000원
웹사이트 아리랑 아카이브 http://arirangarchive.com
아라리안닷컴 http://www.ararian.com/
http://cafe.daum.net/arirangschool

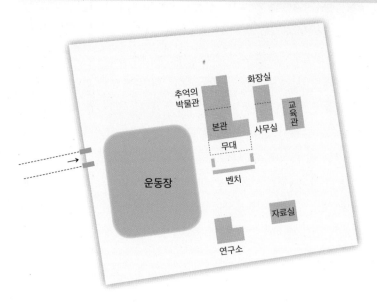

시골마을 예술텃밭 뛰다

춘천에서도 한참을 더 북진했다. 화천은 강원도에서도 외진 곳이
었다. 너무 깊이 들어온 것이 아닌가, 슬쩍 걱정이 될 무렵에 민간인
보다 군인이 더 많이 나타났다. 주변 건축물도 마을 규모에 비해 크
다고 생각됐는데, 자세히 보니 아파트나 상가가 아니라 군 관련 시
설이었다. '77xx'라고 표기된 부대 표시가 사방에서 보였다. 부대
옆에 또 다른 부대가 있었다. 목적지인 동지화마을(신읍리)은 이들
부대가 밀집한 곳에서도 한참 더 들어갔다.

마을은 생각보다 깨끗하고 포근했는데, 마치 유럽의 부자 마을 같
았다. 택지와 농지도 잘 조성됐다. 동지화마을은 동짓날에도 배꽃이
필 정도로 따뜻하다는 뜻에서 유래했다는데, 그 따뜻함이 기온인지,
인정인지는 잘 모르겠다. 70여 가구 150여 명이 함께 살아가는 마을
은 주민 대부분이 65세 이상 고령자라고 했다. 여느 농촌처럼 젊은
사람들은 거의 다 도시로 나간 것이다.

극단 '뛰다'가 똬리를 튼 '시골마을 예술텃밭'은 동지화마을의 언
덕배기에 있었다. 운동장 뒤 조금 더 높은 지대에 본관 건물이 서 있
고 운동장에는 H빔으로 만든 창고 겸 제작소와 야외극장, 게스트하
우스, 극장, 스튜디오가 있었다. 창고 앞에는 펜션 한 동이 건축 중이
었다. 펜션은 마을 영농조합에서 수주한 것이라고 배요섭 대표가 말
했다. 행정자치부의 평화생태마을로 지정된 덕택에 지원금을 받았는

시골마을 예술텃밭 뛰다의 본관 건물

데, 그중 일부가 수익형 펜션 건축에 들어갔다는 얘기였다.

'시골마을 예술텃밭 뛰다'가 강원도 화천에 자리 잡은 것은 2010
년이었다. 당시 폐교를 처음 본 단원들의 기억은 이랬다. "운동장 옆
흙바닥에 철골 구조와 지붕만 있던, 뭐라 이름을 붙일 수 없는 건물
아닌 건물이 있었다"('뛰다' 연간보고서 『띄움』 참조). 그만큼 환경이 열
악했다. 하지만 아무도 실망하지 않았다. 가능성도 컸기 때문이었다.
"이주 첫 해에는 그 (건물의) 일부를 의정부 시절 컨테이너 창고에 맡
겨둔 레퍼토리 공연 세트와 크고 작은 소도구를 위한 창고로 개조하
는 작업을 했고, 이듬해에는 전체 바닥에 시멘트를 깔고 한쪽을 휴게
실로 바꾸었다. 창고에 넘쳐나는 물품을 정리하기 위해 수납 선반을
제작했고, 또 그다음 해에는 창고 옆 부분에 무대제작소를 스튜디오

Ⅱ에서 옮겨왔다. 올해에는 그간 휴게공간으로 쓰던 건물의 절반을 극장 건축을 위해 양보하면서 드디어 건물의 나머지 절반을 무대제 작소와 창고라 말할 수 있게 되었다"(『띄움』). 폐교가 수 년 사이에 얼 마나 달라졌는지, 이를 위해 단원들이 얼마나 노력했는지를 짐작케 하는 글이다.

💬 인터뷰 - 배요섭

_ 극단 '뛰다'는?

2001년 서울에서 창단했다. 한국예술종합학교 연극원 졸업 동기 8명이 중심이 됐다. 남자 셋, 여자 다섯이었다. 재학 당시 뜻이 맞는 친구들이었다. 창단멤버 중에는 작가와 배우 1명씩 빠졌다. 극단을 구성하는 인원은 현재 15명이다.

_ 무엇을 표방했나?

기성 연극인이 시도하지 않은 것을 해보자는 뜻에서 의기투합했 다. 희곡을 기초에 두지 않고, 문학적인 연극이 아닌 부문에 관심을 두었다. 열린 연극과 자연친화적 연극도 추구했다. 자연친화적 연극 은 막을 내렸을 때 쓰레기가 많이 생겨서 소품과 인형 등을 재활용해 보자는 취지에서 시도했다. 이를 계기로 지금은 소품을 아예 친환경 소재로 쓰고 있다. 연극이 극장 안에서만 머무르는 것에도 반대했다. 움직이는 연극은 그런 배경에서 시작됐다. 초기에는 방학동에 연습 실을 두고 전국으로 순회공연을 다녔다. 지금도 열린 연극, 움직이는 연극, 자연친화적인 연극이 우리의 모토다. 이를 계기로 형식을 뛰어 넘는 연극을 많이 했다. 그러다 보니 주제를 정하면 연출가, 배우, 작 가가 모두 모여서 함께 대본을 구성하는 게 일상이 됐다.

'시골마을 예술텃밭 뛰다'는 두 조직을 하나로 묶은 용어다. 즉, 시골마을 예술텃밭은 폐교 문화공간이고, '뛰다'는 극단을 의미한다.

_ 시설은?

본관과 숙소는 내부만 개조했다. 창고(제작소)와 텃밭극장(100석), 야외극장(300석)은 2012~2013년 화천군의 지원을 받아 새로 지었다. 야외극장은 세 방향에서 공연을 볼 수 있도록 반원 형태로 만들었다.

시골마을 예술텃밭 뛰다는 2012년 야외공연장 조성비로 1억 4천만 원, 2013년 실내공연장(텃밭극장) 조성비로 2억 5천만 원, 2014년 휴식공간 조성비로 1억 원을 지원받았다. 폐교 시설은 처음에 화천교육지원청 소유였으나, 2012년 화천군청이 매입해 재임대했다(화천군청 정보공개 자료 참조).

_ 텃밭극장은?

2012년 11월 옛 한옥학교 시절의 목공작업실을 헐어내고 1년간의 공사 끝에 마련한 100석 규모의 실내극장이다. 접이식 객석, 원목 탄성 마루, 48채널의 조명설비, 컴퓨터 콘솔 등이 있다. 이곳에서 텃밭예술축제와 한일청소년연극캠프 등을 치렀다.

_ 야외극장은?

느티나무를 중심으로 좌우로 둥글게 펼쳐진 객석이 지름 10m의 반원형 돌출무대를 감싸는 아레나 형태다. 최대 250명까지 수용할 수 있다.

_ 스튜디오는?

2개다. 하나는 본관에 있고, 다른 하나는 운동장 끝에 있다. 둘 다

교실 두 칸을 하나로 합쳤다. 그중 스튜디오 I 은 황토로 벽을 마감한 친환경 공간으로, 스튜디오 한쪽에 설치된 로켓 스토브 벽난로를 우리가 직접 제작했다. 기술은 전국귀농운동연합의 워크숍에서 배웠다. 스튜디오 II 는 2011년까지 무대 제작과 각종 장비를 보관하는 창고였다. 이를 2012년도에 바닥과 내벽 단열 공사로 바꿔 요즘은 연습실로 사용하고 있다. 주말에는 중고생을 대상으로 연극교실을 연다.

_ 화천 생활은?

극장에서 관람할 수 있는 예술이 아닌, 일상에서 묻어나는 삶의 예술, 자연과 삶, 예술이 조화를 이룬 환경을 가꾸고 싶었다. 그럼에도 처음에는 시골사람들이 연극을 이해할 수 있을까, 하고 걱정했다. 그러나 공연에 대한 반응을 보고 나서 오히려 우리가 더 놀랐다.

_ 주민과의 관계는?

처음에는 의혹의 눈길을 보냈다. 청년들이 도시가 싫다며 시골로 들어왔으니 당연했다. 그래서 초기부터 좋은 소문이 날 수 있도록 주민들과 스킨십을 많이 했다. 동네 어르신들께 인사드리는 건 기본이고, 각종 이벤트를 통해 어르신들의 마음을 사로잡았다.

본관 스튜디오Ⅰ. 배요섭 대표 뒤로 직접 만든 로켓 스토브 벽난로가 보인다.

어르신 마음을 사로잡은 이벤트는 2012년 실시한 '교복과 웨딩사진 촬영'이었다. 단원들은 마을에 결혼식을 올리지 못한 어르신이 의외로 많다는 사실에 착안해 이를 기획했다. 반향이 의외로 컸다. 배요섭 대표는 "나의 것을 주는 게 아니라 상대가 필요로 하는 일을 해주는 데서 관계가 시작된다는 사실을 그때 깨달았다"고 답했다. 연극도 마찬가지였다. 어렵고 난해한 것을 추구하지 않았다. 2012년에도 주민을 대상으로 연극놀이를 실시했다(『띠움』).

_ 주민과 잘 지내는 요령이 있나?

이장을 설득하는 일이 중요했다. 농사, 환경, 재해, 복지 등 모든 일이 이장을 통해 결정된다. 귀촌 예술인이라면 이장이 축복이 될 수도, 재앙이 될 수도 있다. 우리에게는 다행히 축복이었다. 약방의 감초인 해당 지자체 공무원의 역할도 매우 중요하다.

_ 어떻게 운영하나?

공유 정신을 추구하고 있다. 시골마을 예술텃밭은 우리만의 시설이 아니다. 한 예술단체의 부속건물이 되기에는 아깝다. 더 다양한 예술가들을 품을 수 있는 창작공간이어야 한다. 그래야 이곳에서 더 재밌고 새롭고 치열한 만남이 일어날 수 있다. 우리는 그 품 안에 머무는 여러 예술가 중 소수일 뿐이다.

_ 주민 프로그램이 있나?

'연극놀이터 이랑'이 대표적이다. 화천을 기반으로 다양한 사람들을 모아 예술이 특정 계층의 전유물이 아니라 매우 일반적이고 자연스러운 활동이라는 사실을 깨닫게 했다. 크게 커뮤니티 작업, 공연연계 작업, 텃밭 담소, 단기 예술교육 등으로 구분할 수 있다. 그중 커뮤니티 작업은 주부극단 '날다', 청소년극단 '뜀뛰기'를 돕는 것과 화천인 예술제 '삶이랑 예술이랑', 문화살롱 등을 예시할 수 있다. 주부극단 '날다'는 우리 도움을 받아 2013년 7월 '난 그래도 Go!'라는 작품으로 성미산 동네연극축제에서 '최고의 날나리상'을 받았다.

스튜디오 II (왼쪽)와 텃밭극장

텃밭 담소는 2012년부터 시작했다. 두 번째 열린 2013년 8월에는 예술교육 분야에서 활동 중인 현장 활동가와 전문가들을 대상으로 사례 발표회를 가졌다. 단기 예술교육 프로그램은 2013년 1~2월 신읍리 어르신을 위한 연극놀이 '찬란한 청춘'이 10회가량 있었고, 5월에는 엄마와 아이가 함께하는 연극놀이인 '짝꿍놀이'가 열렸다.

_ 자체 축제는?

텃밭예술축제가 있다. 시골마을 예술텃밭에서 매년 열리는 만남의 공간이자 마당이다. 예술가와 예술가가 만나고, 그 예술가들이 작업을 통해 지역주민들과 만나고, 지역주민들은 먼 곳에서 온 낯선 손님들과 만나는 것이다. 그 낯선 만남을 통해 모두는 자기 안의 새로운 '나'를 만나기도 한다. 2013년에는 제3회 텃밭예술축제가 열렸는데, 설치미술가와 공연예술가들이 모여 창작 레지던시라는 새로운 방식을 모색하는 과정 중심의 축제를 벌였다. 주제는 '머물며, 일구며, 나누며'였다. 텃밭예술축제는 2011년부터 했다. 텃밭예술축제는 관객을 부르는 축제가 아니다. 그럼에도 100~200명이 소문을 듣고 찾아온다.

극단 '뛰다'는 2012, 2013년 2년째 화천문화예술회관 상주단체로 강원문화재단의 지원을 받았다. 2013년의 경우 '하륵 이야기', '우.하. 하.', '맨발 땅' 세 작품을 올렸다. 봄과 여름에는 즉흥 춤을 주제로 한 오픈 워크숍을 열었고, 설치미술가를 중심으로 여러 장르의 공연예술가들이 참여하는 창작 레지던시 축제를 진행했다.

_ 상업극을 배제하나?

배제하는 것은 아니다. 우리가 하고 싶은 것이 아닐 뿐이다. 사실 그런 것을 해야 극단을 유지할 수 있는데, 해오던 것을 먼저 하다 보니 지금까지 하지 못했던 것 같다.

_ 해외공연은?

초청이 대부분이다. 외국 축제조직위나 극장에서 우리를 초청한다. 항공료는 국제교류재단의 도움을 받는다. 인도와는 2011년부터 공동 작업을 해왔다. 작년의 경우 루마니아 '시비우축제', 일본 돗토리 '새 연극축제'에 참가했다. 오스트리아 '잘츠부르크음악극축제'도 간 적 있다.

_ 예산 구성은?

문예진흥기금이 60~70% 차지한다. 나머지는 초청료로 충당한다. 극장 공연은 거의 없다. 하더라도 1년에 한두 차례에 불과하다. 그러니 티켓 수입은 3%도 안된다.

_ 생계는?

공동 운영하고 있다. 회의를 많이 한다. 이 작품을 할 것인지, 말 것인지를 토의한다. 그러니 분배도, 책임도 같이 진다. 벌이가 적으니 삶에 필요한 최소한의 돈만 나눈다. 생계 때문에 극단을 떠난 경우는 아직 없다.

_ 올해(2014년 현재) 어떤 계획을?

10월에는 충남, 경남, 경기도에서 한 달 동안 10곳 정도의 초등학 교나 군립회관 등을 돌며 순회 공연할 예정이다. 제목이 '맨발 땅 이 야기'로, DMZ의 전쟁을 소재로 했다. 놀이와 함께하는 연극인데, 출발점은 땅이다. 맨발을 딛고 땅의 기운을 살려내는 것이 평화의 출발점이라는 사실을 부각시키며 학생들의 참여를 이끌어낼 계획이다.

♠ 연간보고서 『띄움』

연간보고서 『띄움』은 공연창작집단 '뛰다'가 자리
잡은 화천의 폐교 '시골마을 예술텃밭'에서 벌어지
는 이야기를 담은 연간 연극생활지다. 2007년 처
음 발행했고 2014년 통권 6호를 제작했다. 이들의
활동과 생활, 다른 단체나 지역사회와의 소통 과정
이 담겼다. 『띄움』을 요청하면 무료로 받을 수 있다.
www.tuida.com

♠ 시골마을 예술텃밭 뛰다 사람들

시골마을 예술텃밭 뛰다는 공간 운영을 맡은 '텃밭'과 극단을 이끄는 '뛰다', 그리
고 예술교육 활동을 기획하는 '이랑'으로 나눠진다. 텃밭은 프로듀서인 김민후가
대표를 맡고 또 다른 프로듀서인 조태훈, 김지영, 그리고 배우 겸 연출, 기술감독
역할을 모두 맡고 있는 김혜성이 있다. 뛰다는 연출가인 배요섭이 대표이며, 그의
아내이자 배우인 이지연, 연출 이주야와 배우 최재영, 최수진, 황혜란, 공병준 등이
함께하고 있다. 이랑은 김수아 팀장과 황혜진이 맡고 있다. 이들 외에도 화천을 벗
어난 공간에서 텃밭과 함께하는 사람이 더 있다.

♠ 화천초등학교 신명분교

화천초등학교 신명분교는 1954년 4월 1일 개교해 55년간 운영되다 1999년 3월 1
일 문을 닫았다. 폐교 당시 2학급 7명의 학생이 있었고, 재산은 부지 7,565㎡, 건물
총면적 326.79㎡(4개 동)였다. 이후 2011년 11월 29일 화천군이 3억 8천680만 원
에 매입해 시골마을 예술텃밭 뛰다에 무상 임대하고 있다.

전화 033-441-3881
위치 강원도 화천군 화천읍 노신로 274(화천군 신읍리 951-10)
극단 대표 배요섭 공간 대표 김민후

본관 : 스튜디오 I , 자료실, 사무실 등

밀양연극촌

밀양연극촌은 규모 면에서 다른 연극촌을 압도한다. 화장실을 제외하고 연극과 직접 관련된 건물만 13개 동에 달한다. 폐교 부지는 5천200평이나 단원 숙소인 화이트하우스와 월산재(이윤택 가족 숙소), 연극촌 앞의 주차장을 포함하면 실제 사용 부지는 훨씬 더 넓다.

거대한 사람 얼굴 모양의 조형물이 밀양연극촌 문을 지켰다. 얼핏 보아도 하나는 남자, 다른 하나는 여자 얼굴이었다. 조형물은 정문을 대신했다. 문을 통과하면 밀양연극촌 전체를 한눈에 조망할 수 있는 안내판을 만난다. 그 옆으로 화장실과 매표소가 있었다. 매표소는 밀양연극촌 관광안내소를 겸했다. 관광안내소의 출입구는 연극촌 바깥에 위치했다. 매표소 옆으로 게스트하우스 겸 식당, 우리동네극장이 이어졌다. 우리동네극장은 2층 높이다. 층고가 높아 다양한 무대를 설치할 수 있다. 객석도 계단식으로 배치해 앞사람에 시야가 가리지 않았다. 건물 한쪽을 관객 대기실 공간으로 나눴는데, 그동안 공연한 연극 포스터가 벽면에 가득 붙었다.

연극촌 한가운데에는 1945년 5월 20일 심었다는 월산초등학교 개교 기념 나무가 서 있었다. 그 뒤로 밀양연극촌의 랜드마크인 성벽극장이 3층 높이로 주변 풍경을 압도했다. 성벽극장은 과거 1층짜리 본관 건물을 허물고 그 위에 지었다. 동선이 요즘 유행하는 '곡선평면TV'처럼 살짝 휘어졌다. 덕분에 객석에서는 무대를 한눈에 볼 수

part 01 폐교 공연장 **41**

성벽극장

있다. 2층은 연습실과 샤워실 등이 자리 잡았다. 오구방, 어머니방, 햄릿방 등 그동안 밀양연극촌이 올린 연극 제목으로 방 이름을 꾸민 것이 흥미로웠다.

성벽극장 뒤에는 가마골소극장, 창고, 연희단거리패 자료관이 위치했다. 가마골소극장(100여 석)은 부산에 있던 것을 이곳으로 옮기면서 이름도 함께 가져왔다. 창고는 그동안 무대에 오른 소품을 보관하는 장소이고, 연희단거리패자료관은 연희단거리패가 제작한 모든 작품의 포스터와 대본, 공연 비디오, 학위논문과 학술지, 이윤택 예술감독의 칼럼과 출판도서 등을 비치했다. 자료관 관리는 이윤택 예술감독의 아내인 이연순 씨가 맡고 있다.

성벽극장 오른쪽에는 단원 숙소인 '화이트 하우스', 월산재(이윤택 가족 숙소), 촌장(하용부) 숙소, 극작가 집필실(윤대성 숙소), 음향실, 숲의 극장이 자리 잡았다. 숲의 극장은 축제 때처럼 많은 연극이 한꺼번에 공연될 때가 아니라면 무대 제작소로 활용된다.

밀양연극촌에서 이윤택(63)과 하용부 (60)는 서로 떼어놓고 설명하기 어렵다. 하 씨는 인터뷰에서 "밀양연극촌에서 내가 어 머니라면 이윤택은 아버지"라고 말했다. 그는 현재 촌장을, 이 씨는 예술감독을 맡 고 있다. 밀양에서 나고 자란 하 촌장은 이 감독을 도와 연희단거리패가 밀양연극촌 이라는 연극인 공동체를 형성하는 데 가장 큰 역할을 했다.

두 사람은 1987년 첫 인연을 맺었다. 하 촌장의 조부가 하보경 선 생인데, 그 제자 중 박은홍과 배미향이란 춤꾼이 있었다. 당시에는 무용도 극단에서 공연하는 경우가 많았는데, 이 감독이 운영하는 가 마골소극장에서 공연하는 이들을 보러 하 촌장이 가끔 들렀다. 그때 이 감독을 자연스럽게 만나 알게 됐다. 그리고 2년 뒤인 1989년, 이 감독의 초청으로 연극 워크숍에서 하 촌장은 백중놀이를 강의했다. 하 촌장은 중요무형문화재 제68호 밀양백중놀이 예능 보유자다. 당 시 이 감독은 배우들의 신체 연기에 관심이 많았는데, 백중놀이 중의 양반춤이 바로 그러했던 것이다. 그렇게 두 사람의 인연은 더 깊어졌 다. 마침내 1990년 이 감독은 오구를 무대에 올렸고, 이를 계기로 하 촌장은 안무가로 극단에 들어갔다. 하지만 이 감독은 안무보다 배우 가 더 어울린다며 하 촌장을 배우로 만들었다. 두 사람은 이후 가마 골소극장의 연희단거리패가 서울로 거취를 옮겼을 때에도 함께했다.

두 사람의 관계에 대해 사람들은 자주 묻는다. 어떻게 싸우지 않고 그렇게 잘 지내느냐고. 하 촌장은 "내가 (연극계에서) 1인자가 되겠다고 생각해본 적이 단 한 번도 없다. 만약 그렇게 생각했다면 벌써 찢어졌을 것"이라고 말했다. 이 감독은 연극을, 자신은 춤을 잘 한다는 사실을 누구보다 잘 인정해주기 때문이라는 것이다. 하 촌장은 한술 더 떠 이 감독을 '천재'라고 지칭했다. "어느 날, 인사 글을 써야 하는 일이 생겼어. 그때 이윤택이 밀양시장과 손숙, 하용부, 그리고 자신의 것을 즉석에서 쓰더라고. 놀랐지. 내용이 서로 다른 글인데 말이야." 하 촌장이 언급한 천재란 '타고난 글쟁이'를 일컫는 듯했다.

두 사람의 인연은 30년을 훌쩍 넘기고 있다. "30대 초반에 만나 지금 육십 줄에 앉았어." 하 촌장은 밀양연극촌에 대해 "처음에는 이윤택을 위한 공간이 될 것이라고 우려했는데, 막상 일이 시작되고 나니 이윤택이 모두를 위한 공간으로 바꾸더라"며 그의 노력을 상찬했다.

_ 밀양연극촌을 잠시 떠났던 것으로 아는데?

2008년 촌장직을 그만뒀다. 내 일을 하고 싶었다. 밀양연극촌도 자리를 잡은 상태였다. 그런데 관청(경남도와 밀양시)과 문제가 생겼다. 이런저런 이유로 예산 정산이 매끄럽지 않았다. 일이 복잡해지자 이윤택은 이를 예술에 대한 관청의 간섭으로 받아들여 "밀양을 떠나겠다"며 펄쩍 뛰었다. 관청도 마찬가지였다. 중재가 필요했고, 또 다시 내가 촌장을 맡아야 했다. 그게 2010년이다.

_ 밀양과의 인연은?

단원이 늘면서 연습실 부족 현상을 겪었다. 하지만 도시에서 이들을 다 수용할 공간이 없었다. 임대료가 너무 비쌌기 때문이었다. 그런데 1999년 우연히 밀양시장을 소개받았고, 시장은 그해 폐교된 월산초등학교를 연극촌으로 사용하면 어떻겠느냐고 제안했다. 앞서

연희단거리패자료관(왼쪽)과 가마골소극장

우리는 서울 정동극장에서 공연 중인 손숙 주연의 '어머니'에 밀양시장과 시의회, 교육지원청 관계자를 초청해 좋은 인연을 만들어두었다. 나와 손숙이 밀양 출신인 것도 한몫했다.

연희단거리패와 밀양연극촌은 한 뿌리다. 밀양연극촌을 운영하는 주체가 연희단거리패다. 연희단거리패 대표는 이윤택-남미정-김소희로 이어지고 있으며 밀양연극촌의 촌장은 하용부가 맡고 있다.

이윤택은 1986년 연희단거리패를 창단한 뒤 부산 가마골소극장, 서울 우리극연구소, 밀양연극촌, 게릴라극장(서울 종로구 혜화동), 월산프로젝트(문화기획사) 등을 잇따라 설립했다. 국립극단 예술감독과 동국대 교수도 지냈다. 대표작은 '오구', '어머니', '문제적 인간, 연산', '이순신' 등이 있다.

_ 임대료는?
처음에는 연 3천만 원을 밀양교육지원청에 냈다. 공시지가가 오르는 바람에 나중에는 연 6천만 원을 부담했다. 그러다 2006년 6월 밀양시가 월산초등학교(16억 2천만 원)를 포함해 3개 폐교를 아예 사들인 뒤 문화시설에 대해 무상으로 임대했다. 우리로서는 고마울 수밖에 없었다.

_ 초기에는 어땠나?

1999년 10월 5일 개촌식을 갖고, 그달 30일 임시로 지은 월산야외극장에서 월산비나리와 총체극 '일식' 연습장면을 공개하는 개촌 기념공연을 가졌다. 그러나 입주는 이보다 두 달 앞선 9월 1일이다. 폐교 입주가 결정되자 곧바로 연희단거리패 단원 80여 명을 데리고 와 숙소와 연습실을 만들었다. 두 달이 걸렸는데, 모든 공사를 단원들이 직접 해냈다. 한꺼번에 다 들어온 이유는 당시 경주엑스포에 올릴 '도솔가'를 이듬해 공연하기로 했기 때문에 일정이 바빴기 때문이다.

밀양시는 2007년 2월 행정안전부의 '살기 좋은 마을 만들기 사업' 공모에 선정돼 65억 원(국비 25억 원, 시비 15억 원, 민자 25억 원)의 사업비를 확보했다. 이른바 '밀양연극촌 기반 복합테마마을' 프로젝트였다. 연극촌 주변 가옥과 산책로 정비(연꽃단지, 퇴로고가마을)가 핵심사업이었으나 성벽극장을 포함한 밀양연극촌의 주요 시설도 그때 함께 신·개축됐다.

_ 밀양연극축제는?

2001년부터 시작했다. 그해 예산은 2천만 원, 이듬해 3천만 원, 그 다음해에는 6천만 원, 이런 식으로 늘어나 14회 밀양연극축제가 열린 2014년에는 6억 원이나 들었다. 그중 4억 2천만 원을 밀양시로부터 지원받았다.

_ 단원은?

70~80명으로 조금 유동적이다. 연극단체치고는 많은 것처럼 보이지만, 기획, 의상, 음향, 주차장 관리 등의 일도 거의 다 단원들이 하고 있다. 밀양연극촌에서는 1인 다역이 기본이다. 축제가 없을 땐 공무원 연수 프로그램 등을 운영하고 있다.

_ 수익성은?

단원이 많으니 부담이 크다. 개런티만 5억~7억 원에 이른다. 매년 13억 원을 벌어야 하니 공연도 당연히 많다. 연간 500차례 정도 한다.

♠ 월산초등학교

월산초등학교는 1945년 정진초등학교 정진분교에서 월산국민학교로 설립 인가를 받아 개교했다. 그러나 이농현상에 따른 학생 수 감소로 1999년 3월 1일 문을 닫고 부북초등학교에 통합됐다. 총 50회 3천690명이 졸업했다. 월산초등학교 동문들은 폐교 이후 온라인에 '산우회'라는 동문 카페를 개설해 우의를 다지고 있으며 매년 밀양연극촌에서 동문 행사를 치르고 있다.

전화 055-355-2308
위치 경남 밀양시 부북면 창밀로 3097-16(가산리 78)
촌장 하용부 예술감독 이윤택
웹사이트 웹진 도요(http://www.doyoart.com/)
도요블로그(http://blog.daum.net/doyo2009)
연희단거리패(http://www.stt1986.com/)

자계예술촌

영동

용화초
자계분교

충북 영동군 여의리에서 자계예술촌 표식을 처음 발견했을 당시, 그 주변에 다른 이정표도 많이 보였다. 한남대학교 휴양림 진입로, 주막, 시냇물과 눈꽃세상 목조펜션, 산악오토바이 체험…. 그중에서도 자계예술촌 이정표가 가장 작았다. 작다는 것은 눈에 크게 띄지 않아도 되고 결코 상업적이지 않다는 의미로 느껴졌다. 그 이정표를 따라 자동차를 더 몰아 자계마을 입구에 닿으니 이번에는 커다란 돌비가 보였다. 돌비에 따르면 '자계'는 자줏빛 시내를 뜻했다. 물이 맑다는 뜻이리라. 그런데 돌비 내용 중에 흥미로운 대목이 있었다. "1992년 폐교된 자계분교에 2002년 자계예술촌이 자리하면서 자연과 함께하는 문화의 공간으로 발전하고 있다"는 내용이었다. 폐교를 차지한 많은 예술인들이 해당 주민들과 적지 않은 갈등을 빚는 상황에서, 이곳 자계예술촌은 오히려 존재 의미가 마을 돌비에 새겨질 정도로 관계가 좋다는 뜻으로 이해됐다.

자계예술촌 사무실 벽에는 산골공연 예술잔치를 알리는 홍보지와 포스터, 영동군 주민생활 안내지도 등이 다닥다닥 붙어 있었다. 그중 지도를 보니 자계예술촌이 위치한 용화면은 해발 1,242m의 민주지산, 960m의 천만산 등에 둘러싸인 오지였다. 지리적으로는 영동에서도 가장 남쪽에 자리 잡고 있어 영동보다 오히려 무주 생활권에 가까웠다. 영동 읍내에서 들어오려면 해발 450m가 넘는 도덕재를 넘

야외공연장(위)과 게스트하우스

어야 한다고 박 대표가 말했다. 용화면 중에서도 자계리는 더 깊은 산중이라는 말도 덧붙였다. 그러니 학교도 문을 닫았을 것이다. 그는 "자계리에는 감나무가 유난히 많다"며 "농사도 거의 다 감나무"라고 설명했다.

자계예술촌은 박창호·박연숙 부부가 운영하고 있다. 부부가 이곳에 터를 잡은 것은 2001년이었다. 학교가 문을 닫은 지 10년이나 지난 뒤였다. 박 대표는 "창을 포함해 나무로 된 것을 제외하고는 모두 개조했다"고 말했다. 다행히 2004년 정부의 '생활 친화적 문화공간 조성사업'에 선정돼 1억 8천만 원의 개조 비용을 지원받았다. 그는 "당시 다른 단체들은 소프트웨어에 투자했지만 우리는 하드웨어를 개선하는 데 돈을 썼다"며 "그 덕택에 지금까지 무난히 지내고 있는 것 같다"고 말했다. 그럼에도 이런저런 보수를 위해 해마다 돈이 더 들어가고 있다고 그는 걱정했다. 폐교 재활용의 한계였다.

개조에도 불구하고 자계예술촌은 외견상 학교 모습을 그대로 유지했다. 개조는 주로 내부에서 이뤄진 것이다. 예를 들어 본관의 중앙홀은 응접실로 바뀌었다. 중앙홀을 중심으로 운동장을 바라볼 때 왼쪽에 소품과 분장실, 의상실이 위치했고, 그 옆으로 사무실과 상근자(박창호·박연숙 부부) 생활공간이 자리 잡았다. 오른쪽은 소극장이었다. 소극장은 최대 150석 규모인데, 교실 두 칸을 합쳤다. 그러니까 본관 건물에는 교실 5칸이 있었다.

본관 건물 뒤 사택은 게스트하우스로 사용하고 있다. 운동장에는 야외공연장을 설치했다. 500~700명을 수용할 수 있다고 박 대표가 전했다. 교문 쪽 건물은 배우 연습실과 숙소, 식당으로 사용되고 있다. 이 건물은 과거 교실 세 칸이 있던 별관 교사다.

박연숙 대표

　박창호·박연숙 부부는 둘 다 대전 출신이다. 극단에서 만나 결혼했고, 지금도 대전에서 '극단 터'를 운영하고 있다. 자계예술촌은 극단 터를 위한 작업실로 시작됐다. 그러나 지금은 주객이 전도돼 이곳에서 보내는 시간이 훨씬 더 많다고 박 대표는 말했다. 박창호 씨는 연출을, 박연숙 씨는 대표를 맡으면서 기획과 교육을 함께 담당하고 있다. 나머지 단원과 제작진은 비상근으로 자계예술촌과 관계하고 있다.

_ 계약은 어떻게?

　처음에는 영동교육지원청과 1년씩 계약했다. 5년 단위로 계약 기간을 늘린 것은 2007년부터다. 2차 5년 계약이 2012년 이뤄졌으니 2016년까지는 안정적인 운영이 가능하다. 임대료는 연 500만 원을 내고 있다.

_ 공연은?

정기공연과 상설공연으로 나뉜다. 정기공연은 산골공연예술잔치로 불리고, 상설공연은 산골마실극장으로 명명된다. 산골공연예술잔치는 2014년 11번째를 치렀고, 산골마실극장은 2013년과 2014년 두 차례 가졌다.

_ 산골공연예술잔치는?

산골공연예술잔치는 2004년부터 매년 여름 열린다. 제10회는 2013년 8월 15~17일 자계예술촌 야외무대와 소극장에서 열렸는데, '다시 촌스러움으로'를 표방했다.

_ 산골마실극장은?

제1회 산골마실극장은 2013년 9월 28일~10월 26일 중 매주 토요일 자계예술촌 소극장에서 열렸다.

부부는 '촌스럽지 않은 촌 공연'을 약속했다. 이를 박 대표는 "원형에 가까운 축제"라고 설명했다. 자금이 걱정되지만 외부에 의존하지 않고 자체적으로 비용을 마련해볼 요량이라는 말도 했다. 공공자금은 제약 조건이 많아 창의적인 예술가로선 늘 부담스럽단다.

_ 그밖에?

'그믐밤의 들놀음'이란 상설공연도 있었다. 2002년 3월부터 매월 마지막 주 토요일 가졌는데, 운영이 힘들어 2008년 11월까지 7년을 하다가 그만뒀다. 매년 9차례씩, 모두 63차례 진행했다. 이를 대신한 것이 산골마실극장이다. '그믐밤의 들놀음'은 100% 자부담이었다. 2001년 9월 이곳에 들어와 이듬해 3월 자계예술촌을 개관하면서 시작한 첫 상설공연이라 지금도 애착을 갖고 있다.

_ 관객층은?

자계예술촌은 무모함에서 시작했다. 관객을 처음에는 동네사람, 그 다음에는 이웃마을사람들로 확대했고, 그리고 자계예술촌을 만든 극단 터의 활동 근거지인 대전과 접근성이 좋은 무주 사람들을 겨냥했다. 지금은 제법 소문이 잘 나 전국에서 찾아온다.

_ 관객은 얼마나?

용화면 인구가 1천 명 정도 된다. 관객은 그보다 더 많은 것 같다. 여름에 열리는 산골공연예술잔치만 해도 1천 명 이상 된다. 고작 사흘 축제라는 사실을 감안하면 대단한 것이다. 그중 상당수는 연극학도나 연극인, 혹은 단골 관객이다. 공연에 대한 관심만 따진다면 성공적이다. 아무리 가까운 도시라도 30분 이상 자동차를 타고 와야 하니 대단한 정성이 아니겠나. 너무 고맙다.

_ 산골마실극장도 많이 오나?

지난해 처음 시작했는데 인기가 좋은 편이다. 일부러 찾아와서 공연 보고, 고구마도 먹는다. 주변에 숙박시설이 마땅치 않은데도 싫어하지 않는다.

자계예술촌은 입구에 매표소를 두고 있지 않다. 이른바 '후불요금

소극장 내부

박창호(맨 뒤) · 박연숙(왼쪽 두 번째) 부부와 단원들

제'를 시행한다. 작품을 다 감상하고 나가면서 느낀 만큼, 감동만큼 관람료를 내도록 했다. 연락처를 남겨놓으면 공연 소식도 전해준다. 자계예술촌의 공연이 주변을 좀 더 풍요롭게 했다는 생각이 들면 정기 후원도 좋다고 박 대표는 웃으며 말했다. 그러나 현실은 달랐다. 후불관람료에 응하는 숫자는 전체 관람자의 5분의 1에 불과했다. 그럼에도 부부는 이 제도를 지켜나갈 생각이라고 했다. 부부는 지금도 관객이 내지 않은 요금을 강의비로 메꾼다. 박 대표는 교육 프로그램 강의와 지역 학교의 방과 후 수업을 맡고 있다. 박창호 연출도 예술 강사로 약간의 수익을 얻는다. 이들은 "점점 더 나아질 것"이라며 희망을 버리지 않았다.

_ 주민 관계는?

마을이 조금 떨어져 있고 주변은 온통 산이라 민원이 일어날 우려가 거의 없다. 축제 때는 주민들에게 먹거리를 만들어달라고 요청해 이를 대신 팔아주기도 했다. 언론에 많이 소개되고, 그 덕택에 농산물도 잘 팔린다고 이장님이 늘 말씀하신다.

_ 교육 프로그램은?

매년 2~4개를 다루고 있다. 그룹 대상으로 통상 연간 35주 동안 이뤄진다. 연극놀이나 무용, 음악 등을 주로 한다.

자계예술촌은 2014년 충북의 '찾아가는 문화활동'에도 참가했다. '침묵의 기억'이라는 학교폭력 예방교육 연극 프로젝트로 추풍령초등학교와 보은중학교, 옥천중학교를 대상으로 했다. 연출을 맡은 박대표는 "폭력에 대한 예방주사 같은 연극이었다"고 말했다.

_ 국제교류는?

2006년에 있었다. 동아시아민중극네트워크의 5개국 배우들이 참가해 3주가량 함께하면서 작품을 만들었다. 국제교류는 더 확대하고 싶은데 여력이 없다.

_ 사회문화예술교육사업은?

2006년 지역사회문화예술교육 활성화 지원 사업에 처음 선정된 뒤 매년 추진하고 있다. 2006년 '우리집엔 예술가가 산다', 2007년 'DA', 2008년 '아름다운 발견'과 '꿈꾸는 뜰팡', 2009년 '마음아 몸아 함께 놀자', 2010년 '할매가 들려주는 우리 마을 주막거리', '예술로 지켜요 아름다운 우리별', 2011년 '산골어린이에게 배달된 종합예술 선물세트' 등을 기획했다.

♠ 극단 터

'극단 터'는 1985년 놀이패 '얼카뎅이'로 시작했다. 2001년 9월 충북 영동군 용화면 폐교를 임대해 현재의 자계예술촌을 설립했다.

♠ 용화초등학교 자계분교

1949년 현재 마을회관 자리에 (용화초)자계분교가 설립되고 학생 수가 늘어나면서 1957년 자계초등학교로 승격되었다. 이후 산업화에 따른 이농현상으로 1988년 자계분교로 다시 축소됐다가 1992년 폐교됐다. 2002년 자계예술촌이 개촌하면서 자연과 함께하는 문화공간으로 거듭나고 있다.(자계마을 돌비 참조)

전화 043-743-0004
위치 충북 영동군 용화면 횡지구백길 5
     (자계리 569)
대표 박연숙 연출 박창호
웹사이트 www.jagyeart.net

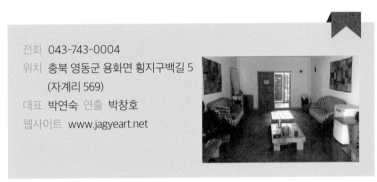

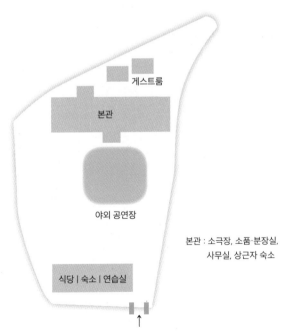

게스트룸

본관

야외 공연장

본관 : 소극장, 소품·분장실,
사무실, 상근자 숙소

식당 | 숙소 | 연습실

폐 교 , 문 화 로 열 리 다

PART
02

아름다운 변신
폐교 갤러리

시안미술관

화산초
가상분교

경북 영천 시안미술관은 미술 애호가들만이 찾는 곳이 아니다. 여행지 삼아 방문하는 일반인이 오히려 더 많다. 오죽하면 시안미술관을 보기 위해 일부러 영천 여행을 계획했다는 말이 나올까. 그러나 이곳이 처음부터 큰 인기를 끌었던 것은 아니다. 10여 년 전만 해도 여행자는 고사하고 마을에 사는 학생들조차 발길을 끊은 '폐교'였다. 그래서 부부가 폐교를 빌려 미술관으로 꾸미겠다며 동네 사람들을 설득할 때 되돌아온 말은 '쓸데없는 짓을 한다'는 강다짐이었다.

하지만 미술관이 선 뒤 미술 애호가와 관광객이 하나둘 찾아오면서 인식은 달라졌다. 지금은 주민들이 스스로 해설사를 자처한다. 동네 벽화를 구경하며 어슬렁거리다 보면 으레 몸뻬(일바지 또는 왜바지) 입은 할머니가 나타나 말을 건다. "뭘 보시나? 내가 설명해주까? 저기도 있는데, 날 따라오라메."

시안은 이름부터 '미술관스럽다'. 폐교를 문화공간으로 바꾼 시설이 대부분 폐교 이전의 학교나 동네 이름을 사용하는데, 시안미술관은 그렇지 않았다. 시안미술관은 1999년 폐교된 화산초등학교 가상분교(2만5천㎡)를 개조해 2004년 4월 개관했다. 현재 3층짜리 일자형 건물과 그 건물 뒤에 별관을 두고 있으며, 운동장은 잔디가 깔려 야외조각공원이 됐다. 그러나 조각공원은 여전히 학교 운동장 구실을 하고 있다. 누구나 쉽게 들어와 공을 차고 놀아도 제재받지 않기 때

문이다. 주말에는 심하다 싶을 정도로 더 많은 아이들이 와서 뛰어논다. 미술관에서 도대체 무슨 짓인가 싶은데 변 관장은 눈 한 번 깜짝하지 않는다. 시안미술관에서는 미술관 특유의 엄숙함을 찾을 수 없는 것이다.

　내부로 들어가면 각 층은 나무계단을 통해 연결된다. 1층은 제1전시실과 세미나실, 아트숍, 사무공간이 있고, 2층은 제2전시실과 카페, 테라스, 3층은 제3전시실과 자료실, 수장고가 설치됐다. 운동장에도 10여 점의 대형 조각품이 있다. 시안미술관은 전시 외에 미술교육과 작가 양성, 미술자료 연구와 학술활동 등을 병행하고 있다. 특히 어린이 미술교육 프로그램은 정부가 채택해 전국화한 경우도 있다고 변 관장은 자랑했다.

💬 인터뷰 - 변숙희

_ 시안은 무슨 뜻인가?

특별한 의미는 없다. 시안이라는 한글 이름 그 자체가 좋아서 채택했다. 나중에 묻는 사람이 많아서 동서교류 거점이었던 중국 시안에서 따왔다는 말도 하고, 한자어로 문화공간을 편안하게 본다는 뜻의 '시안(示安)'으로도 설명했다.

시안미술관 제공

_ 서양풍 건물로 보이는데, 어떻게 개조했나?

건물 리모델링은 지역 건축가인 홍기석 씨가 맡았다. 붉은 지붕과 이를 떠받친 빔이 특징적이며 2층에 설치된 테라스도 사람들이 좋아한다. 첨단 건축과 학교의 옛 추억이 함께 숨 쉬는 문화공간이다.

_ 얼마나 됐나?

1999년 폐교된 화산초등학교 가상분교를 그해 빌려 사용하다 3년 임대기간이 끝난 2002년 매입했다. 개조 작업을 거쳐 1종 미술관으로 개관한 것은 2004년 4월 17일이었다.

시안미술관은 폐교를 1종 미술관으로 개관한 첫 사례다.

_ 영천에서 폐교를 구한 이유가 있나?

특별한 이유는 없다. 미술관에 적합한 폐교를 찾아다니다 우연히 이곳을 알게 됐다. 1시간 거리에 포항, 경주, 대구, 울산, 부산 등 대도시가 위치해 장점이 많다.

_ 당시 폐교는?

교실 8칸의 성냥갑 같은 직사각형 콘크리트 건물이었다. 2층에 비가 새어 3층을 올렸고 지붕도 새로 했다. 본관 뒤편의 별관도 신축했다. 골격은 그대로 살렸다. 내부의 시멘트 계단도 아이들이 편하게 다닐 수 있도록 나무로 감쌌다. 이 건물은 1977년 새로 지어 골조가 쓸 만했다(학교에 불이 나 지금의 위치로 옮기면서 새로 지었다고 변 관장은 설명했다).

_ 폐교가 좋은 이유는?

장점은 글쎄…. 택지가 조성돼 있고 시설도 있으니 조금만 보강하면 곧바로 사용 가능할 줄 알았지만 착각이었다. 미술관은 전시가 중요한데, 층간 높이와 면적이 적합하지 않았다. 개조 비용도 생각보다 훨씬 더 많이 들었다.

_ 가장 큰 어려움은?

고객 타깃을 어디에 맞출까였다. 대중 미술관을 지향하면서도 전문성이 필요하다고 생각됐다. 그런데 시간이 흐르면서 타깃을 맞춘

다는 것이 무의미하다는 사실을 깨달았다. 좋은 작품을 통해 관람객 수준을 높이는 것도 우리 몫이었다.

_ 직원은?

고정 인원은 9명이다. 그러나 특정 사업을 진행하면 20명이 일하기도 한다. 1종 미술관이라서 큐레이터와 에듀케이터도 돼야 한다.

시안미술관 김현민 학예실장은 2013년 '올해의 젊은 큐레이터상'을 받았다.

_ 수익성은?

수익은 고사하고 운영이라도 안정적이면 좋겠다. 갤러리 방문객은 연간 15만 명 정도 된다. 그러나 티켓 구입 없이 조각공원에서 놀다가 가는 사람까지 모두 합치면 40만 명을 넘을 것 같다.

_ 지자체와의 관계는?

영천시와 관계가 아주 좋다. 굉장히 협조적이다.

_ 주민과의 관계는?

처음에는 애를 많이 먹었다. 폐교를 미술관으로 바꾸겠다고 하니 그런 걸 왜 하느냐고 하더라. 지금은 다르다. 주민들이 스스로 미술관을 홍보한다.

_ 지금 만족하나?

미술관 운영에 대해 처음에는 내가 좋아하는 작품을 전시하는 정도로만 생각했다. 그런데 막상 개관하니 책임감이 생기더라. 그 책임감이 지금은 두렵다. 기획전도 마찬가지다. 힘들지만 책임감 때문에 하려고 노력한다.

_ 성과는?

어린이 전용 미술관은 전국에서 우리가 가장 먼저 했다. 국립미술관은 이듬해, 부산시립미술관은 2년 뒤 시행했다.

시안미술관은 문화체육관광부의 주말예술교육사업인 꿈다락 토요문화학교 '이음과 두드림'을 2012, 2013년 잇따라 맡았다. 한국박물관협회 주관의 '2012 창의적 체험활동 프로그램 콘테스트'에서는 '알록달록 무지개미술관 프로그램'으로 전국 최우수상을 수상했다. 자연과 예술을 결합시킨 1박 2일 프로그램 '에코뮤지엄캠프'도 성공작으로 평가받는다.

_ 레지던시는?

매년 2~3명씩 하다가 2014년에는 6명을 선정했다. 일본과 이탈리아 작가도 참여하고 있다. 한국인은 주로 지역 작가를 초청한다.

　　2014년 7월 1일 시안미술관에서 제1회 행복마을 콘서트가 농림축산식품부 주최로 열렸다. 2013년 4월에는 미술관 1층에 116m^2 규모의 작은 도서관이 마련돼 미술, 음악, 연극 등 다양한 장르의 전문서적을 볼 수 있다.

_ 계획은?

　　지역의 문화 수준은 그 지역에 미술관이 있느냐, 또 그 미술관의 수준이 어떠냐에 달렸다. 시안미술관이 우리 지역의 문화 수준을 나타내는 바로미터가 될 수 있도록 노력하겠다.

♠ 화산초등학교 가상분교

화산초등학교 가상분교는 1948년 9월 13일 문을 열었다. 1951년 4월 1일 화산동부국민학교로 독립했으나 1994년 다시 분교로 격하됐다가 5년 뒤인 1999년 3월 1일 화산초등학교로 통폐합됐다. 부지 17,793m^2, 건축 총면적 4,500m^2.

♠ 별별미술마을

시안미술관이 위치한 가상마을은 '별별미술마을'로 더 잘 알려졌다. 가상마을이 포함된 화산 · 화남면이 2011년 문화체육관광부의 '미술마을 프로젝트'에 선정돼 미술과 문화유산, 자연, 주민의 일상을 하나로 엮는 마을길을 조성했기 때문이다.

오래된 담장과 우물, 빈집, 정미소 등이 어느 날 갑자기 미술작품으로 둔갑하고 주민들의 삶을 기록한 박물관도 생겼다. 걷는길, 바람길, 스무골길, 귀호마을길, 도화원길 등 5갈래 길이 만들어진 이 프로젝트 이름은 '신몽유도원도'다.

전화 054-338-9391~3
위치 경북 영천시 화산면 가래실로 364(가상리 649)
관장 변숙희
관람시간 10:30~18:00(동절기 10:30~17:00. 월요일 휴관), 입장료 3,000원
웹사이트 www.cyanmuseum.org

본관
1층 : 제1전시실, 세미나실, 아트숍, 사무공간
2층 : 제2전시실, 카페, 테라스
3층 : 제3전시실, 자료실, 수장고

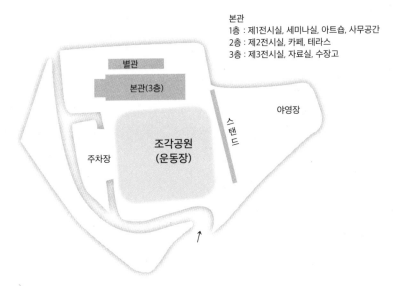

휘목미술관

운호초

『나의 문화유산 답사기』의 저자 유홍준은 "격포에서 모항 지나 내소사를 거쳐 곰소로 가는 길을 환상의 해안 드라이브 코스"라고 썼다. 해안길 중 아름답지 않은 곳이 어디 있으랴마는 해안 숲과 바다, 염전밭이 어울린 이 길은 유홍준의 극찬이 아니더라도 명품 중의 명품길로 소문날 만했다.

곰소항에서 모항갯벌해수욕장 방면으로 조금 더 들어가면 바다 풍경이 설핏 사라지는 지점에서 '부안 구름호수마을' 이정표를 만난다. 이정표 아래에 '운호마을'이라는 시커먼 돌비가 서 있는데, 그 길의 건너편에도 같은 빛깔의 이정표 3개가 1인용 요트 돛처럼 수직으로 솟아 있다. '차와 이슬이 머무는 곳', '휘목펜션 조각공원'이라고 표기된 이곳이 바로 휘목미술관이다.

미술관은 생각보다 훨씬 더 넓고 크다. 폐교를 재활용한 사설 미술관이라는 사실이 믿기지 않는다. 해태와 사자상석 뒤로 'ㄷ'자 모양의 대리석 문을 지나면 초록 잔디밭 위로 설치된 알몸 조각상에 벌써부터 눈이 즐겁다. 남녀 누드상부터 나팔을 부는 상체상, 수컷이 강조된 남자의 하체상 등으로 다양하다. 시립미술관에서도 보기 힘든 작가의 작품도 많다. 이종훈 휘목미술관장은 "야외에 있는 것만 40여 점"이라며 "고종수, 이인수, 이민호 등의 작품이 주류를 이룬다"고 답했다.

폐교 이전에 본관 건물이던 갤러리카페는 이른바 '노출 콘크리트' 기법으로 건축됐다. 창을 거의 내지 않고도 기하학적 구조만으로 눈의 피로를 줄였다. 이 관장은 "고(故) 황선주 설립자가 전국을 돌며 좋은 사례를 모아 와서 제안해 건축한 것으로 안다"고 설명했다. 갤러리카페 옆의 앞부분이 둥근 건물은 신관(미술관)이고, 누드갤러리 뒤 건물은 펜션동(3개 층)과 주거시설이다. 갤러리카페와 펜션은 "미술관이 독립 경영을 하기 위해서는 수익사업이 필요하다는 설립자의 뜻에 따른 조치"라고 이 관장이 설명했다.

휘목미술관은 2007년 10월 20일 개관했다. 전체 면적은 3,450평 남짓. 그중 야외조각공원이 1천여 평에 달한다. 소장품은 600여 점. 휘목(輝木)은 '빛나는 나무'로 직역되는데, 한 스님이 "이곳에 뿌리를 내려 빛을 발하라"는 뜻으로 특별히 지어준 것으로 안다고 이 관장은 전했다.

갤러리카페부터 들렀다. 인터뷰하기로 한 황덕범 실장도 카페에 있었다. 갤러리카페는 누드갤러리와 아트카페로 공간이 나눠졌고, 오른쪽 절반이 아트카페였다. 미술품을 감상한 뒤 그 여운을 즐기며 담소를 나누기에 안성맞춤이었다. 누드 갤러리에는 김교만, 국용현, 박영선, 구자승 등 우리나라 대표 인물화가들의 누드 작품이 상설 전시되고 있었다.

외부에서 발견할 수 없었던 폐교 흔적을 찾으러 이곳저곳을 기웃거리니 아트카페에서 커피를 내리던 황덕범 실장이 "눈으로 확인하기 힘들 것"이라고 잘라 말했다. 천장과 기둥에 폐교의 흔적이 남긴 했지만, 그 위에 철근 콘크리트를 보강하거나 벽돌을 쌓은 뒤 H빔을 덧대서 속을 파헤치지 않는 한 흔적을 확인하기가 어렵다는 말이었다. 그러고 보니 벽을 중심으로 구획된 공간이 옛 교실과 비슷했다. 운호초등학교 명패는 살림집 앞에 있었다.

신관(미술관)은 원형과 정방형 갤러리로 구분됐다. 기획전이 이곳에서 열리는데, 방문한 날에는 기획전이 끝나 소장 작품을 걸어두었다. 전시된 소장품 중에는 이석주 화백의 대작 '백마'가 눈에 띄었다.

💬 인터뷰 - 황덕범

황덕범 실장은 설립자인 고(故) 황선주 대표의 아들이다. 그는 폐교를 뜯어 미술관을 세울 때부터 부친과 함께했다고 말했다.

_ 폐교 모습이 남아 있나?

아버지가 추진한 일이라 당시 상황을 정확히 기억하지는 못한다. 크고 작은 건물이 10개(실제로는 11개)였던 것 같다. 그중 창고와 식당, 야외 화장실 등은 아예 밀어냈다. 그 위에 지은 것이 지금의 펜션 동과 신관이다. 교실은 본관과 그 뒤 건물에 있었는데, 본관은 천장과 기둥에 흔적이 남아 있다.

_ 전부 학교 부지인가?

아버지는 폐교 부지만으로는 미술관을 건립하기에 좁다고 생각해 주변 땅을 더 사들였다.

_ 왜 이곳으로 왔나?

잘 모르겠다. 아버지는 서울 인사동과 경기도, 대구에 각각 갤러리를 두고 미술품을 거래했다. 어머니는 수입가구점을 했다. 돈은 어머니가 벌고 아버지는 미술품 구입하느라 쓰는 입장이었다. 선친은 지인들과 함께 새만금에 갔다가 이곳에 잠시 들렀는데, 풍광에 흠뻑 빠지셨던 것 같다.

휘목미술관을 전북 부안에 지은 이유에 대해 황덕범 실장의 부친

이자 휘목미술관 설립자인 고(故) 황선주 씨는『신동아』김순희 자유
기고가와의 인터뷰에서 "고향(전남 화순)이 가깝기도 하거니와 호남
의 숨은 인재를 발굴해 후원하고 싶어서였다"고 밝혔다.

(『신동아』2007년 12월 26일자 인터넷 기사 참조)

_ 미술관 건립에 관여했나?

미술관을 지을 때 대학(화학과)에 다니고 있었다. 제약회사에 취직
할 생각이었는데, 어느 날 아버지가 미술관 짓는 일을 도와달라고 했
다. 공사가 끝날 때까지만 함께하기로 했는데….

_ 폐교는 언제 구입했고, 비용은?

전혀 모른다.

부안교육지원청이 내놓은 정보공개 자료에는 운호초등학교가
2002년 2월 폐교됐고, 그해 경기도 양평군에 사는 이 아무개 씨를 첫
구매자(매매가 5억 원)로 기록하고 있다. 또 김순희 자유기고가의 인
터뷰에 따르면, 고(故) 황선주 씨는 2004년 폐교 부지를 매입했다. 이
를 토대로 볼 때 황선주 씨는 양평의 이 씨로부터 재매입한 것이 아
닌가 짐작된다.

_ 마을사람들과의 관계는?

초기엔 갈등이 심했다. 시비를 거는 사람이 더러 있었다. 지금은
다르다. 우리도 주민이 됐고, 마을사람들도 미술관을 좋아한다. 미술
관 덕분에 마을이 유명해졌기 때문일 테다.

_ 작품은?

소장품만 600점을 웃돈다. 1927년 작품도 있다.

_ 작품 경향은?

취향이 바뀌면 작품도 달라진다. 작품은 크게 소장해야 할 것, 팔아도 될 것, 꼭 사야 할 것으로 나눈다고 아버지가 늘 말씀하셨다.

_ 미술관 규모를 비교하면?

사설 미술관 치고는 큰 편에 속한다. 전북에서는 전북도립미술관 다음으로 크다.

_ 레지던시는?

2014년 현재 4명이 거주하고 있다.

_ 직원은?

에듀케이터와 큐레이터, 관장이 있다.

휘목미술관은 2012년 지역작가 97명을 초대한 '전북 미술의 조망전'을 가졌다. 전북 현대미술의 정통과 계보를 정리한 대형 기획전으로, 특히 앱을 통해 작가의 성향과 작품을 함께 선보이고 작가와 관람객이 SNS를 통해 자유롭게 질문하고 답변하는 소통의 이벤트를 열어 크게 주목받았다. 앞서 2007년 10월 개관전은 이북 출신의 황용엽 화백의 작품 107점으로 치렀다.

♠ 운호초등학교

운호초등학교는 1957년 3월 8일 문을 열고 2002년 2월 28일 폐교됐다. 이날 마지막 졸업식을 치렀는데, 졸업생은 단 4명(http://www.tagstory.com/video/100051610)뿐이었다. 45년 동안 전체 졸업생은 1천61명으로 확인됐으며, 폐교 당시 재산은 학교 용지 5,402㎡와 임야 4,066㎡였다. 건물은 교사와 관사 각 3개 동, 급식소 2개 동, 숙직실, 창고, 화장실 등 모두 11개 동이었다. 교실은 3곳을 다 합쳐도 661.32㎡, 관사는 각 27.43㎡였다(부안교육지원청 정보공개 자료 참조).

전화 063-584-0006
위치 전북 부안군 진서면 운호길 10(운호리 77-1)
설립자 설립자 고 황선주(2011년 6월 7일 별세)
관람시간 11:00~18:00(첫째 주 월요일 휴관), 입장료 3,000원

아미미술관

유동초

입구에서 놀랐다. 주차할 곳이 없을 정도로 공터와 길가에는 주차된 자동차가 많았다. 설마 하는 생각으로 들어가니 주차된 차보다 훨씬 더 많은 사람들이 미술관을 구경하고 있었다. 아미미술관의 높은 인기를 실감할 수 있었다. 미술관 입구의 여닫이 철문은 옛 교문 그대로였다. 하얗게 칠한 교문에는 입장료 안내문이 붙었다. '성인 3천 원, 초중고생 2천 원'. 그 옆에 붉은 페인트가 다 벗겨져 낡을 대로 낡은 우체통이 하나 있었다. '입장료 함'이라는 글씨가 보였다. 이른바 자율 입장료 제도였다. 하지만 이 제도는 더 이상 기능하지 않았다. 미술관을 둘러보고 나오면서 감동의 값으로 입장료를 내라는 의도였는데, 사람들은 이를 곡해해 공짜로 받아들였기 때문이었다. 지금은 입장 시 티켓을 발행하고 있다. 자율은 쉽게 정착되는 문화가 아닌 모양이다.

방문한 날(2014년 5월)은 마침 아미미술관 레지던시 작가들의 작품을 전시하고 있었다.

미술관은 운동장을 마주보며 일자로 누웠다. 제일 왼쪽 한 동의 건물이 틈을 두고 약간 떨어졌는데, 벽면에 영어로 'Ami Art Museum'이라고 씌어 있었다. 그 위로 담쟁이덩굴이 스멀스멀 기어 올랐다. 담쟁이덩굴은 박기호·구현숙 부부가 심었다. 그런데 건물이 묘했다. 허걱! 미술관 이름이 붙은 것이 화장실 벽이었다. 미술관과

의 첫 인사를 화장실과 한 셈이었다. 인사도 했으니 들어가 볼 일이
다. 어렵쇼, 화장실이 아니라 예술 공간이다. 내벽 구석에 조개와 소
라 장식으로 깨진 타일을 대신했다. 옛 학교 모습을 보존한 흔적이
곳곳에서 발견됐다. 고칠 수 있으면 고치되, 가능한 원형을 유지하려
애썼다. 본관 내부도 다르지 않았다. 교실과 복도, 복도의 마루도 옛
모습 그대로였다. 다만, 그림을 보호하기 위해 복도 쪽 일부 창문을
없애 햇빛을 가렸다. 본관 입구 중앙홀에는 구현숙 작가의 설치미술
품인 주렴처럼 매달린 조각이 눈길을 빼앗았다. 이 작품은 인터넷에
서도 인기가 높아, 이를 보고 일부러 찾아오는 여행자도 많았다. 바
람이 불 때 모빌 형태의 주렴이 덩달아 흔들렸는데, 그 틈새로 주렴
뒤편의 바깥 풍경이 비늘처럼 반짝이며 들어왔다. 중앙홀 앞 책상에
는 레지던시 작가들의 프로필과 작품 내역을 담은 브로슈어가 놓여

있다. 전시품을 낸 작가는 모두 5명. 참고로 '에꼴 드 아미'라는 이름으로 아미미술관에서 상주하는 레지던시 작가는 6명이고, 연계 프로그램 작가는 11명이나 됐다.

건물 뒤편에는 결혼식을 앞둔 예비부부 한 쌍이 연미복과 웨딩드레스를 입고 사진을 찍고 있었다. 미술관이 야외 웨딩촬영 장소로 즐겨 사용될 정도로 환경이 좋았다. 마침 수국도 피었다. 수국은 박 관장 부부가 직접 심었다. 교실은 강습실, 전시실, 작업실로 변했다. 강습실에는 주변 학교의 교사들이 와서 그림을 배우고 있었다. 작업실은 2개였다. 그중 하나는 박 관장의 것으로, 교실과 체육관을 연결해 꽤 넓었다. 본관 뒤 언덕에는 카페와 레지던시 숙소가 있었다. 과거 직원 숙소였던 카페는 2013년 가을 리모델링했다. 콘크리트 외벽과 기둥은 그대로 두되, 창은 새로 내고 마지막에 붉은 벽돌로 마감했다. 이름은 화가 모네가 살았던 마을 이름을 따서 '지베르니 카페'라고 지었다. 그 옆의 레지던시 숙소는 기와지붕의 한옥으로 폐교 때까지 교장사택으로 사용됐다. 운동장은 잔디를 깔아 자연학습장, 혹은 설치미술 전시장으로 사용 중이었다. 아미미술관의 소장품은 200여 점에 이른다.

아미미술관의 '아미'(Ami)는 프랑스어로 '친구'를 뜻한다. 프랑스 파리에서 오랫동안 유학한 박기호·구현숙 부부 작가는 유학 시절을 상기하며 이름을 지었다고 말했다. 그런데 묘하게도 아미미술관 인근에 '아미산'이 있었다(일부 언론은 아미미술관이 아미산 자락에 있다고 썼으나 이는 사실과 다르다. 아미미술관은 국사봉 자락에 위치하며, 그 앞의 강 건너 산이 아미산이다). 아무튼 아미산은 해발 349m에 불과하지만 당진에서는 가장 높다. 아미산이라는 이름은 능선이 미인의 눈썹처럼 생겼다는 데서 유래했다고 한다. 누구에게나 친구 같고, 낮은 듯 높은 덕을 지닌 아미미술관의 이름이 다른 사람들과 함께 소통하려는 부부의 예술적 지향점과 맞닿았다는 느낌이 들었다.

_ 왜 폐교에 들어왔나?

프랑스 유학을 마친 뒤 귀국했을 때 새로운 작업실이 필요했고, 이왕이면 고향에서 구해보자는 생각을 했다. 처음에는 농협창고나 버려진 교회 같은 곳을 찾았는데 우연히 폐교된 유동초등학교를 발견했다. 지금은 포장로가 있지만 당시에는 완전히 산골 오지였다.

_ 리모델링은?

개조하는 데 거의 10년 걸렸다. 처음에는 임대했고, 나중에 매입해 하나씩 고쳐 쓰면서 살았다. 그래서 미술관으로 개관하는 데 시간이 많이 걸렸다.

갤러리 내부

중앙홀에 있는 구현숙 작가의 설치미술품

유동초등학교는 1993년 문을 닫았다. 부부가 이곳을 임대한 것은 이듬해였다. 그럼에도 허물어진 곳이 많아 고쳐 쓰는 데 애를 많이 먹었다고 박 관장은 토로했다. 그렇게 6년가량 사용하다 2000년 지인들의 도움을 받아 이를 아예 매입했다. 그러나 아미미술관으로 개관한 것은 그로부터도 10년이 훌쩍 지난 2010년 10월 11일이었다. 개관전은 이듬해 6월 4일 '시차전'이란 제목으로 열렸다. 시차전은 부부가 유학할 때 희로애락을 함께한 작가들의 초청전 같은 것이었다. 그해 레지던시 작가 작품전과 어린이미술제도 함께 시작했다(아미미술관 홈페이지 참조).

_ **미술관과 작업실 기능만 하나?**

그렇지 않다. 장르 구분이 없는, 다양한 문화공간을 지향하고 있다. 음악, 문학, 건축 분야도 관심을 갖고, 수시로 소통하려고 노력한다.

_ **기획전은?**

미술 분야는 크게 상설전시회, Here and There전, 레지던시 작가 작품전, 어린이미술제로 나뉘며, 이들 기획전은 매년 정기적으로 열린다. 가능하면 지역주민과 문화소외 계층에 관심을 갖고 문화예술의 향유권을 확대하려고 노력한다. 특히 어린이와 청소년을 위한 프로그램을 지속적으로 개발하고 있다.

_ **레지던시는?**

레지던시는 '에꼴 드 아미(Ecole de Ami;친구의 학교)'로 불리는데, 2014년으로 4회째를 맞았다. 긴 세월은 아니지만 힘들게 작업하고 있는 다양한 장르의 유망한 작가들을 발굴하는 데 힘을 쏟고 있다.

_ **어린이미술제란?**

2011년부터 매년 해오고 있다. '미술을 통한 나눔과 소통'을 모토로 하며, 지역 교사와 레지던시 작가, 어린이 등이 공동작업을 통해 예술과 소통의 의미를 깨닫는 작업이다. 이를 통해 미술관은 지역에서의 존재감을 확인할 수 있고, 주민들은 미술제 참여를 통해 미술관의 중요성을 깨닫는다. 2012년에는 800여 명의 어린이가 참여했다.

_ 그밖에?

'작은 음악회'는 2013년부터 정기적으로 열고 있다. 미술관이라고 해서 시각예술만 할 수 없다. 장르를 넘나들 때 진정한 지역 문화공간으로 기능할 수 있다. 초등학교 교사를 대상으로 하는 '미술교실'도 지역 차원에서 의미가 크다.

♠ 박기호 & 구현숙

박기호는 추계예술대에서 회화를 전공했다. 1983년 대한민국 미술대전 서양화 구상 부문에서 대상을 받고 부상으로 프랑스 여행 기회를 얻었는데, 이를 계기로 파리국립미술학교에서 유학하게 됐다고 한다. 구현숙은 영국에서 미술을 공부한 뒤 프랑스 디종국립미술학교를 졸업했다. 두 사람은 파리에서 만나 결혼했고, 그해 귀국해 당진 산골에 칩거(?)했다.

♠ 유동초등학교

유동초등학교는 과거 순성국민학교의 성북분실이었다. 학생 수가 늘면서 1967년 3월 1일 유동국민학교로 승격됐으나 이농현상으로 1992년 3월 1일 다시 분교(유동분교)로 격하됐고 이듬해 순성초등학교로 아예 통합됐다. 폐교 당시 재산은 부지 10,410㎡, 건축 총면적은 957.48㎡가 남았다. 건물은 일자형 단층 구조의 본관과 8개의 부속 시설이 있었다.

전화 041-353-1555
위치 충남 당진시 순성면 남부로 753-4(성북리 160-1)
관장 박기호·구현숙 부부
관람시간 10:00~17:00(연중 무휴), 입장료 3,000원
웹사이트 http://amiart.co.kr

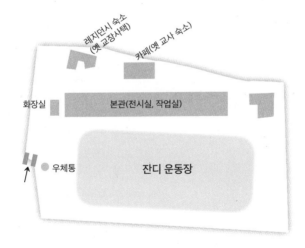

마산아트센터

폐교 갤러리나 창작촌 주변에 가면 공통점이 하나 발견된다. 마을 벽화다. 폐교 입주 작가들이 주민과의 소통을 위해 제작한 흔적이다. 마산아트센터 주변도 그랬다. 어디서 본 듯한 명화를 패러디한 벽화가 양촌리 도로가를 장식했다. 2011년 마산아트센터 작가들이 도로변 담에다 그린 이 그림들이 양촌리 온천을 찾는 관광객을 즐겁게 하고 있다.

마산아트센터는 2003년 문을 열었다. 그전까지 7년가량 폐교 상태로 방치돼 있었다고 한다. 개관전('자연현상전')은 이듬해 9월 19일 열렸다. 터는 5천 평에 달하며, 갤러리와 창작스튜디오, 도예공방, 야외조각공원, 게스트하우스, 아트북 카페 등이 들어섰다. 다른 시설은 원래 있던 건물을 개조한 것이나, 아트북 카페는 2010년 새로 지었다. 본관은 일자형 단층 건물로 교실 9칸이 있었는데, 지금은 모두 갤러리와 창작공간, 사무실로 바뀌었다. 그중 갤러리는 교실 3개, 혹은 4개를 합친 70평 규모다. 운동장은 잔디를 깔고 그 위에 조각품을 설치해 야외조각공원으로 만들었다. 창작 스튜디오는 4실이며, 이밖에 25평 규모의 판화공방과 30평 크기의 도예공방이 있다.

마산아트센터는 전시회, 음악회, 워크숍, 심포지엄 등을 정례화하고 있다. 또 판화, 도예아카데미 등 체험프로그램과 국제 레지던시도 운영하고 있다. 소장품은 1천 점을 웃돈다. 명산인 적석산과 온천이

가까워 오가는 길에 마산아트센터를 들르는 사람들이 많다.

💬 **인터뷰 - 김창수**

마산아트센터 김창수(65) 관장은 진주가 고향이다. 생업은 화랑 운영이었는데, 경남 마산과 부산에서 각각 12년 동안 '송하갤러리'를 경영했다. 송하갤러리는 지역 미술계에 꽤 잘 알려졌다. 그만큼 열심히 살았다는 증거라고 김 관장은 말했다. "열심히 사는 것은 좋은데, 너무 피곤해요. 사람들은 화랑 경영이 별 것 아니라고 생각하겠지만 스트레스가 심합니다." 그는 이런 이유로 일찍부터 도시에서 벗어나 자신이 가장 잘하는 일을 하며 편안하게 살고 싶었단다. 그 삶이 폐교 갤러리로 이어졌다. "1990년대 후반부터 전국을 돌며 적당한 폐교를 찾아 다녔습니다." 그 결과가 마산아트센터다. 그는 마산아트센터와 함께 창동예술촌에서 창동갤러리도 운영하고 있다.

_ 폐교에 얼마나 투자했나?

대부분 시설은 약간의 손을 본 뒤 그대로 사용하고 있다. 새로 지은 것은 입구의 아트북 카페로 1억 5천만 원이 들었다. 기부채납 조건으로 지었는데, 아깝다는 생각은 하지 않는다. 그런 생각을 하면 폐교에서 아무것도 못한다. 임대료는 매년 1천300만 원을 냈다. 하지만 4년 전부터 창원시가 대납하고 있어 사실상 무상 임대에 가깝다.

_ 한국예술촌연합회 회장을 지냈는데?

경남예술촌창작공간협회로 출발해 2009년 전국모임으로 확대한

것이 한국예술촌연합회였다. 초대 회장을 맡았다. 당시 폐교 예술촌의 예술인과 지자체 간에 다툼이 많았는데, 이를 집단적으로 해소할 필요성이 제기됐다. 그러나 회원들이 경제적으로 어렵다 보니 교류에 한계가 많았다. 지금은 거의 해체됐다.

_ 폐교 문화공간의 발전 가능성은?

폐교를 잘 활용하면 문화회관 하나 지을 예산으로 100곳의 문화공간을 조성할 수 있다. 성공 사례가 강원도 영월이다. 영월은 폐교 사용권을 주장하며 전국 콘텐츠 공모전을 실시했고, 적은 예산으로 다양한 문화공간을 확보했다. 폐교는 단순히 땅과 공간의 문제가 아니다. 마을 역사와 스토리, 상징성을 가진 복합 공간으로 볼 때 문화적 창의성이 생길 수 있다. 중앙정부와 각 지자체는 특성화를 유인해야 한다. 어디에서나 볼 수 있는 문화공간은 오래가지 못한다. 그런 점에서 경남은 비교적 특성화가 잘됐다고 볼 수 있다. 소유권보다 사용권을 중시하는 관례도 정착돼야 한다.

_ 폐교를 잘 활용하는 방법이 따로 있나?

세 가지가 기본적으로 필요하다. 첫째는 뚜렷한 목적성이고, 둘째는 운영자의 강한 의지다. 마지막은 역시 콘텐츠다. 공익성도 중요하다. 정부가 1억 원으로 하지 못할 사업이라도 의지가 있는 예술인이라면 1천만 원으로도 가능한 경우가 있다. 이를 실천한 사례가 많으니 행정가들이 관심을 가져야 한다.

_ 그럼에도 성공한 폐교 문화공간이 많지 않은 이유는?

욕심을 내기 때문이다. 지자체나 예술가가 모두 욕심을 버려야 한다. 폐교를 공공재산이 아니라 내 것으로 만들려는 생각 때문에 실패한다.

_ 정부의 폐교 재활용 정책에 대해?

폐교와 관련된 정책이 많이 나오고 관련 법령도 바뀌었지만 아직은 멀었다. 특히 문화공간을 확보해야 할 의무가 있는 문체부와 지자체의 문제가 크다. 폐교활용법도 문체부가 아니라 대통령 직속의 농특위에서 제안했다.

_ 폐교 정책 어떻게 펼쳐야 할까?

폐교도 좋은 것이 있고, 그렇지 않은 것이 있다. 좋은 것은 널리 홍보하고, 그렇지 않은 것은 사라지도록 유도해야 한다. 이를 위한 평가 시스템이 필요하다. 물론 관람객과 행사 수로만 평가하면 곤란하다. 공간마다 고유한 특성을 인정하는 것이 중요하다.

_ 주민 관계는?

진전면 양촌리는 마산에서 민원이 가장 많은 곳으로 유명하다. 그러나 마산아트센터에 대한 민원은 거의 없다. 주민과의 관계가 좋다는 뜻이다. 이런 결과가 쉽게 얻어진 것은 아니다.

_ 구체적으로 어떤 노력을?

폐교를 개조할 때부터 주민 의견을 들었다. 임의로 하지 않고, 주민대표를 다 모아 계획을 알려주고 동의를 받았다. 그때 누구나 의

심할 수 있다는 생각을 가졌다. 그 의심을 풀 수 있는 것은 진정성이었다. 지금도 모든 행사에 주민을 초청한다. 지역 정서를 파악하는 것도 중요했다. 이곳 사람들은 마산, 창원, 통영과 자동차로 30분 거리에 있다. 출퇴근하는 외지인이 많다. 이들은 선주민과 잘 어울리지 못한다. 그래서 커뮤니티 사업을 기획했다. 선주민은 농사를, 도시 출신의 예술가들은 음악, 미술 등을 가르쳐 서로 품앗이할 수 있도록 했다. 커뮤니티는 외지인 중심으로 꾸렸는데, 선주민도 서너 명 들어왔다. 그러나 커뮤니티 운영에서 가장 중요한 것은 주최자가 너무 깊이 관여하지 않는 것이다. 절제심이 필요하다. 주민 스스로 풀어갈 수 있도록 시간적 여유를 가져야 한다.

마을 벽화

_ 재능 기부는?

인근에 태봉고라는 대안학교가 있다. 이 학교에서 미술에 관심을 가진 학생들을 상대로 미술을 가르쳤다. 레지던시 입주 작가로 하여금 6개월 동안 1대1 재능기부를 하도록 했는데 효과가 컸다. 재원은 한국문화예술위원회로부터 받았다. 국가나 지자체 프로그램을 잘 활용하면 큰돈 들이지 않아도 좋은 효과를 볼 수 있다.

_ 말 나온 김에 레지던시는 어떻게 운영되고 있는가?

기본적으로 6명에 대해 6개월을 보장한다. 작가도 입체, 평면, 사진 등 다양한 장르로 선정하고, 서로 잘 협력하도록 사전에 요구했다. 레지던시를 모집했다고 관리자의 몫이 끝나는 것은 아니다. 아주 전문적인 기획과 운영의 묘미가 요구된다. 대부분 폐교 문화공간 운영자들이 레지던시에 욕심을 냈지만 성공 사례를 찾기 힘든 것은 운영의 전문성을 도외시했기 때문이다.

_ 홍보는?

작품전과 같은 기본 행사에 대한 언론 홍보는 하고 있지만 시설 자체를 알리려는 노력은 크게 하지 않았다. 그 이유는 우리가 추구하는 것이 대중 장르가 아니기 때문이다. 좋아하는 사람이 있으면 그들을 중심으로 행사가 열리고, 그 행사가 잘 치러질 때 소문을 듣고 사람들이 하나둘 모여든다. 특히 우리처럼 순수예술은 서로 공유하고 싶은 사람들끼리 모여서 잘 노는 게 가장 중요하다.

_ 재밌는 말이다. 그럼 어떻게 해야 잘 놀 수 있나?

작가, 기획자, 컬렉터가 필요하다. 이들이 잘 놀아야 일반인도 관심을 갖고, 그런 과정이 반복되면서 순수예술의 폭도 넓어진다. 문화란 그런 것이다. 요즘은 하루 30명 정도의 일반 관람객이 찾아오고 있다.

_ 요즘은 어떤 전시를?

타 지역 작가의 기획전에 초점을 맞추고 있다. 지역작가의 작품을 전시하는 곳이 너무 많아졌기 때문이다. 시설마다 특성화하는 노력은 그래서 더 중요하다.

♠ 양촌초등학교

양촌초등학교는 1943년 7월 20일 개교해 1999년 9월 1일 문을 닫았다. 폐교 당시

59명 4학급에 불과했고, 토지는 14,527㎡, 건물 1,103.85㎡였다. 건물은 교사동, 숙직실, 창고, 화장실, 사택, 휴게실이 있었고, 본관 교사동은 1969년 9월에 지어져 낡은 상태였다. 창원교육지원청은 2010년 4천500만 원을 투자해 교사동 옥상 방수와 단열공사를 실시했고, 2014년 11월 800만 원을 들여 교사동 옥상 추가 보수에 나섰다(창원교육지원청 '폐교관리현황' 자료 참조).

전화 055-271-5150
위치 창원시 마산합포구 진전면 팔의사로 361(양촌리 390)
관장 김창수
관람시간 10:00~18:00, 무료

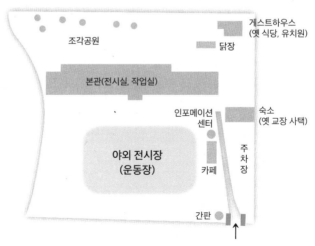

아츠풀삼진미술관

상북초

꽃밭이 예뻤다. 정성이 느껴질 정도로 잘 조성됐다. 거의 매일 손을 대지 않으면 유지될 수 없을 정도였다. 꽃밭 한쪽에는 이순신 장군이 서 있었다. 쉬는 시간을 알리는 종을 치면 아이들이 금방이라도 쏟아져 나올 것 같았다. 본관 입구에 크게 내걸린 '신현수 어제와 오늘-초대 개인전'이란 현수막이 없었다면 정말 학교인 줄 착각할 뻔했다.

아츠풀삼진미술관은 2000년 8월 15일 문을 열었다. 폐교된 지 1년쯤 지났을 때였다. 성임대(80) 관장은 "돌 하나, 풀 하나까지도 일일이 관리했다"고 말했다. 그의 말처럼 공간에는 온갖 정성이 묻어났다. 운동장 옆 정원석만 하더라도 원래는 다 깨진 콘크리트 스탠드였다고 했다.

아츠풀삼진미술관은 전통과 문화예술의 교감을 중시하고 있다. 입구의 돌비에도 '삼진미술관' 외에 '사단법인 전통공예문화협회'란 이름이 새겨져 있다. 그는 "전통공예문화협회 산하 시설로 삼진미술관이 있다"고 설명했다. 원래는 삼진미술관이 모태다. 미술관이 생긴 뒤 협회가 발족됐다. 사단법인 산하에는 예사랑공예문화원과 한국창작종이문화원도 있다. 두 기관은 경기도 안산에 주소를 두고 있다. 모두 그가 만들었다.

시설은 본관과 체험동, 야외로 구분된다. 본관은 2층 건물이며, 그 중 1층은 상설전시장, 2층은 기획전시장으로 활용된다. 전시실은 1

층 4개, 2층 3개로 모두 7개다. 1층은 한지공예, 목공예, 근현대 작품을 전시하고, 2층의 5전시실과 7전시실은 두 개의 교실을 합쳐 하나의 공간으로 만들었다. 7전시실 일부와 복도는 폐교 매입 후 증축했는데, 복도의 경우 문을 달아 수장고로 활용하고 있다. 소장품은 600여 점에 이른다. 그중 절반은 미술작품이나, 또 다른 절반은 노비문서, 호구단자, 서책 등 조선시대 사료다. 관람객은 연 5천 명 정도다. 아츠풀삼진미술관은 상설 전시와 기획전, 체험교실 등의 프로그램을 운영하고 있지만 아주 활발한 편은 아니다.

💬 인터뷰 - 성임대

성임대 관장은 예술 애호가에서 미술관 운영자로 바뀐 경우다. 예

술을 후원하다 보니, 그 결과로 아츠풀삼진미술관을 세우게 됐다고 했다. 고향이 경남 창녕인데, 천석꾼 집안이었다고 한다. 덕분에 어릴 때부터 돈을 쓰는 데 익숙했다. 그는 넉넉했던 용돈을 주로 한지나 옹기를 만드는 예인들에게 나눠주었단다. 그러면 답례로 작품이 돌아왔다. 하지만 그런 삶은 오래가지 못했다. 19세 때 거액을 들고 대구로 가출했다. 그곳에서 야간고등학교를 다니며 돈을 벌었다. 토목, 농기구 판매업, 목장, 빵공장, 고시원 등 하지 않은 일이 없었다고 그는 술회했다. 그중 빵공장을 가장 오래했다. 장사는 잘 됐지만 노조 결성이 싫어 지인에게 넘겨버렸다. 지금의 후원자는 그때 사업하면서 맺은 지인들이란다. 후원자는 80명에 이르는데, 300만~5천만 원을 후원했다고 한다. 그는 '가볍게 사는 것이 신조'라고 말했다. 재산에 연연하지 않는단다. 삼진미술관을 사단법인으로 전환한 것도 그런 이유에서란다.

_ 등록미술관인가?

아니다. 그래서 교육사는 없고 학예사만 자원봉사자로 두고 있다. 작품 수집과 보존, 연구, 전시 등의 역할을 맡는다.

_ 어떻게 시작했나?

재능 있는 작가가 있었는데, 그에게 작업장을 하나 주고 싶어서 폐교를 찾았다. 전국 40여 곳의 폐교를 둘러보고 결정한 것이 상북초등학교다. 유리 없는 창이 3개뿐이었던 것이 마음에 들었다. 유리창이 대부분 멀쩡한 것이 이곳에 사는 사람들의 심성이 좋다는 뜻으로 여겨졌다. 그럼에도 난관은 많았다. 주민협의회를 가졌는데, 반대가 심했다. 당시 79명의 학생이 폐교 이후 다른 학교로 옮겼으나 곧 빌

라촌이 들어서 학교가 재운영될 것이라는 소문이 떠돌았다. 그때 청년회장을 찾아가 설득했다.

_ 폐교 상태는?

삼진초등학교는 1999년 2월 문을 닫았으니 60년 넘게 사용한 건물이다. 이를 그해 11월에 임대 계약해 이것저것 고쳐서 이듬해 8월 15일 삼진미술관으로 문을 열었다. 무너진 스탠드 담 대신 정원석을 쌓고 교실을 전시실로 바꿨다.

_ 임대료는?

임대 계약은 3년에 한 차례씩 하고 있다. 공시지가가 13억 원이다. 임대료는 연 700~750만 원에 이른다. 이밖에 미술관 운영비로 해마다 7천500만 원 정도 든다. 그중 창원시가 1천400만~1천500만 원을 보조하고 있다. 나머지 부족분은 지인들이 돕고 있다. 내 자산은 하나도 없다. 서울에 있던 집도 팔아 미술관에 다 털어넣었다. 내가 죽으면 시신도 기증된다.

_ 사단법인 전통공예문화협회는?

2003년 설립했다. 큰 행사를 매년 10차례 치르는데, 그중 7차례를 경기도 안산에서 갖고 있다. 행사 비용은 경기도 4천만 원, 안산시 3천만 원, 사단법인 8천만 원 등 모두 1억 5천만 원 정도 된다. 이들

행사의 관람객은 연간 2만 5천 명에 이른다. 행사가 너무 커져서 일부러 사단법인화했다. 이후 전통공예문화협회 주최로 '종이공예공모대전'을 열었다. 참고로 종이공예공모대전은 2006년부터 지금까지 하는 행사의 이름이고, 앞서 2003~2005년에는 '전통현대공예공모전'으로 치러졌다.

_ 주변에 논과 밭이 많던데?

학교 주변에 유휴 농작지가 많아 이를 논과 고구마 밭으로 활용하고 있다. 쌀만 300㎏을 생산하는데 소일거리가 된다. 그대로 두면 풀밭이 돼 일부러라도 농사를 지으려 한다. 그렇게 하면 마을주민들과도 소통이 잘된다. 농지도 임대다. 연간 100만 원을 내고 있다. 그러니 수익이 생기는 수준은 아니다.

_ 소장품은?

미술품 300여 점, 고자료 300여 점 등 모두 600여 점을 소장하고 있다. 고자료는 호구단자, 노비문서, 서책 등으로 분류되는데, 그중 양택동 한국서예박물관장 작품 '和風慶雲'도 있다. 그가 아직 유명하지 않았을 때 인연을 맺어 받은 것이다.

♠ 상북초등학교

상북초등학교는 개교 62년 만에 문을 닫았다. 1937년 7월 6일 진북초등학교 상북간이학교가 전신이며, 3년여 뒤인 1941년 4월 1일 상북국민학교로 인가받았다. 1950년 8월 6·25전쟁으로 교사가 완전히 불에 탔고, 전쟁이 끝난 1956년 3월 20일 교실 두 개를 새로 지어 학생을 다시 모집했다. 이후 학생이 늘어남에 따라 교실도 추가됐다. 그러나 1990년대 이촌향도 현상으로 학생 수가 급격히 줄어들면서 1999년 2월 20일 제51회 졸업식을 끝으로 문을 닫았다. 총 졸업생은 2천182명으로 기록돼 있다. 폐교는 창원교육지원청이 소유하고 있으며, 부지는 10,174㎡, 건물 총면적은 1,310.35㎡에 달한다(창원교육지원청 정보공개 자료).

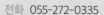

전화 055-272-0335
위치 경남 마산시 진북면 추곡1길 13(추곡리 534)
관장 성임대
관람시간 10:00~18:00(월요일 휴관), 무료
웹사이트 http://www.samjinmuseum.com/

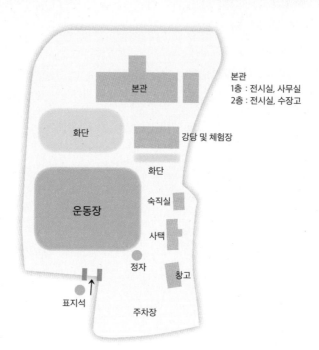

본관
1층 : 전시실, 사무실
2층 : 전시실, 수장고

강당 및 체험장

화단

숙직실

사택

창고

본관

화단

운동장

정자

표지석

주차장

김영갑갤러리두모악

신산초
삼달분교

고(故) 김영갑 선생을 알게 된 것은 우연이었다. 출판 담당기자로 있을 때 그의 사진집 한 권이 배달됐다. 책을 펴는데 가슴이 찌릿했다. 사진 속 풍경은 관광지로서의 제주 이상의 사연을 담고 있었다. 그와 통화하고 싶었고 전화기를 들었다. 하지만 이후 정확한 기억이 없다. 그와 직접 통화를 한 것 같기도 하고, 다른 직원과 통화한 것 같기도 하다. 얼마 뒤 그의 갤러리가 다 완성됐다는 소식을 들었다. 제주에 가면 꼭 들러야지, 라고 생각했고 얼마 뒤 제주에 갈 일이 생겼다. 하지만 갤러리를 방문하지는 못했다. 일행들과 함께 움직여야 했기 때문이었다. 그의 갤러리를 찾은 것은 2014년 여름, 그가 피안의 세계로 떠난 지 한참 더 지난 뒤였다. 미안했다.

김영갑갤러리두모악은 성산과 표선 사이의 상달교차로에서 성읍민속마을로 쑥 들어가야 찾을 수 있다. 이 때문에 성산을 구경하고 서귀포 쪽으로 오더라도 지나치기 쉽다. 일부러 찾지 않으면 가기가 힘들다는 얘기다. 그럼에도 한때 제주를 찾는 여행자들에게 가장 인기 있는 방문지 중 하나로 이름을 올렸을 정도로 '핫한' 여행지였다.

길가에 세워놓은 정문은 제주 특유의 화산 돌을 나무 갑 속에 넣어 세 동강을 낸 뒤, 가운데 것은 고정시키고 나머지 두 개의 동강에 바퀴를 달아 만든 미닫이 문이었다. 출구와 입구가 따로 표시돼 있지 않지만 으레 오른쪽으로 들어가서 왼쪽으로 빠져나오는 것 같았다.

정문은 야트막한 돌담처럼 정겹다. 들어서면 '외진 곳까지 찾아주셔서 감사합니다'라고 인사하는 인형을 만날 수 있다. 북촌돌하르방공원 김남흥 기증이라는 표기가 있다. 나무와 양철로 만든 인형인데, 감색 양철 의상이 흥미롭다. 의도한 것인지는 모르겠으나 이 인형은 눈만 크게 뜬 채 입이 없다. 말보다 눈으로 즐기라는 무언의 메시지일까.

과거 운동장이었을 공간은 돌담과 숲 덕분에 멋진 공원이 됐다. 곳곳에 쉼터와 의자가 있어 여름날 뜨거운 햇빛도 피할 수 있을 것 같다. 날씨가 좋을 때에는 야외전시장으로도 활용된다. 돌담길을 따라가면 사진기를 목에 맨 돌하르방이 바위 위에 살포시 기대 앉아 쉬고 있는 장면을 목격할 수 있다. 그가 김영갑 선생일까. 고인은 투병 6년 만인 2005년 5월 29일 영면했다. 그의 뼈는 갤러리 마당에 뿌려

졌다고 한다.

일자형 본관 건물 앞 나무 밑으로 두 개의 돌비가 눈에 띄었다. '배움의 옛터'와 '삼달초등학교' 돌비다. 이곳이 학교였음을 짐작하게 했다. 입구 반대쪽에는 넓은 공터가 있었다. 아이들을 데리고 왔다면 이곳에 풀어놓고 마음껏 갤러리를 둘러볼 수 있을 것이다. 운동장 사진을 찍고 돌아 나오니 눈앞에 화장실이 보였다. 철사로 만든 '화장실' 글자와 남녀 형상이 재밌다. 필자와 동행한 어머니는 "남의 화장실을 왜 (사진을) 찍노?" 하며 눈총을 주었다.

갤러리로 들어갔다. 본관 건물의 중앙홀에 매표소와 아트숍이 자리 잡았다. 아트숍에는 고인의 사진엽서와 사진집이 보기 좋게 진열돼 있었다. 전시실도 아트숍에서 두 갈래로 나눠졌다. 오른쪽은 제1전시관인 두모악관과 영상실, 왼쪽은 제2전시관인 하날오름관과 유품전시실이었다. 오른쪽부터 들렀다. 영상실의 대형TV는 김영갑의 생전 모습과 육성을 들려주었다. TV를 마주보고 왼쪽 벽면에 '이어도를 영혼에 인화한 사진가 김영갑'에 대한 정희성 시인의 헌사가 크게 걸렸다. "어머니 젖가슴 같은 오름과 소리쳐 울 때가 더 아름다운 제주바다를 처음 만나곤 열병을 앓았다. 지독한 사랑의 시작이었다. 소름 끼치는 그리움 때문에, 두 집 살림하듯 오가는 것으론 갈증만 더할 뿐이어서 서울살이를 접고 아예 제주에 둥지를 틀었다." 김영갑 선생이 왜 제주에 정착했는지를 정 시인은 이렇게 절절히 웅변했다.

정 시인의 헌사는 이어졌다. "신 내림 받은 무녀처럼 섬을 헤집고 다니며 제주의 얼과 속살을 카메라로 받아 적었다." 필름에 미쳐 돌아다니는 댕기머리에 낯선 제주사람들은 그를 간첩으로 오인해 경찰을 부르기도 했단다. 빌어먹어도 필름을 사고 인화지 살 돈만 있으면 행복하기만 한 15년이었다고 정 시인은 그를 추모했다. "어느 날 친구들 앞에서 엄살을 떨었다. 카메라가 무겁다고 했다. 가끔씩 손도 떨렸다. 그러다가 열흘 넘게 소식이 끊겼다. 아무 생각 없이 충무로며, 동숭동이며, 인파 속을 헤집고 다니며 분을 삭였다. 루게릭병일지도 모른다는 진단서가 그의 품 안에 있었다. (중략) 김영갑갤러리두모악의 터를 닦기 시작한 2001년 겨울이었다."

2005년 5월 29일, 그는 눈을 감았다. "그를 사랑하는 사람들이 그가 남긴 육신의 흔적을, 생전의 그가 갤러리 앞뜰에 심어 놓고 애인처럼 아끼던 감나무 밑에 뿌렸다." 비가 왔고, 사람들은 돌아가지 않

고 한참을 서 있었다. "움직일 수 없게 되니까, 욕심 부릴 수 없게 되니까 비로소 평화를 느낀다. 때가 되면 떠날 것이고, 나머지는 남아 있는 사람들의 몫이다. 철들면 죽는 게 인생. 여한 없다. 원 없이 사진 찍었고, 남김 없이 치열하게 살았다." 시인의 헌사는 끝을 맺었다.

맞은편에는 그의 생전 모습을 크게 인화한 가로 사진이 걸렸다. 표정이 따뜻했다. 사진 속에서 그는 자신의 병을 이미 알았는지, 아닌지 짐작할 수 없는 표정을 짓고 있었다. 다른 벽에는 '김영갑 씨'라는 제목으로 양인자 작시, 김희갑 작곡, 김진권 노래의 악보가 걸렸다. "이것저것 하려/ 갈팡질팡하다/ 인생이 그냥저냥/ 흘러갑니다/ 살아집니까/ 삽시간에 사라질/ 신명대로 산 당신/ 오늘은 바람되어/ 내 등짝을 번쩍/ 죽비처럼 후려치고/ 가는군요."

두모악관은 넓다. 얼핏 봐도 두 개의 교실을 이어붙인 것 같다. 바닥에 그 자국이 어렴풋이 남아 있다. 물론 교실과 교실 사이를 막아놓은 벽과 복도 벽의 창문은 사라지고 없다. 대신 사진을 전시하기 좋을 정도로 내부 인테리어를 단순하게 바꿔놓았다. 가운데에는 오랫동안 작품을 감상할 수 있도록 긴 의자를 놓아두었다. 생각하기에

따라 다르겠지만 왠지 그의 무덤 속에 들어온 듯한 느낌도 든다. 그럼에도 서늘하지 않고 오히려 편안하다. 그가 곁에서 자신의 얘기를 들려주는 것 같아서다. 마지막 구획은 수장고다. 그러나 출입이 통제됐다.

제2전시실인 하날오름관으로 가려면 다시 아트숍으로 돌아와서 유품전시실부터 둘러보아야 한다. 그러나 유품전시실도 관계자 외 출입금지라는 글씨가 가로막고 있다. 어쩔 수 없이 하날오름관으로 들어갔다. 하날오름관도 공간 크기와 형태는 두모악관과 비슷했다.

♠ 김영갑갤러리두모악

김영갑갤러리로 알려졌지만 정식 이름은 김영갑갤러리두모악이다. 두모악은 한라산의 옛 이름인데, 고인은 한라산이라는 한자어 대신 이 단어를 더 좋아했다고 한다. 갤러리는 2002년 여름 문을 열었다. 폐교된 삼달분교를 개조했다. 지금은 개조가 너무 많이 이뤄져 학교라고 밝히지 않는다면 알 수 없을 정도다. 특히 정원이 된 운동장이 그렇다. 나무가 거의 숲을 이루고 곳곳에 오솔길을 냈다. 그나마 갤러리 입구에 삼달초등학교와 옛 배움터 돌비가 남아 있어 폐교임을 짐작할 수 있다. 이곳은 제주올레 2코스에 속한다. 갤러리 입구에 한국내셔널트러

스트 보전 대상지 시민공모전에서 선정한 '2006년 잘 가꾼 자연문화유산' 표식
이 있다.

♠ 고(故) 김영갑

고(故) 김영갑 선생은 1957년 충남 부여에서 태어났으나 서울에서 주로 살았다.
그러나 1982년부터 제주에 와서 사진 작업을 했다. 그렇게 제주 짝사랑에 빠질 무
렵인 1999년 루게릭병을 진단받았다. 그는 투병 중인 2002년 김영갑갤러리두모
악을 개관했고, 투병 6년 만인 2005년 5월 29일 영면했다. 사진집으로 『그 섬에
내가 있었네』, 『숲속의 사람들』, 『김영갑 포토달력』, 『김영갑 1957-2005』 등이 있
다(김영갑갤러리두모악 홈페이지 참조).

♠ 신산초등학교 삼달분교

갤러리가 들어선 신산초등학교 삼달분교는 1964년 8월 20일 2개 학급으로 인가
받았다. 2년여 뒤인 1967년 3월 1일에는 학생 수가 크게 늘어 삼달국민학교로 승
격됐다. 그러나 학생 수가 줄어들면서 20년 만인 1996년 3월 1일 삼달분교로 다
시 격하됐고, 그로부터 2년 뒤인 1998년 2월 28일 문을 닫았다. 34년 동안 29회
졸업을 통해 모두 701명을 배출했다. 삼달초등학교는 한때 탁구로 이름을 알렸다
고 한다.

♠ 가볼 곳

제주에는 둘러볼 곳이 많다. 그중 서연의 집(064-764-7894)과 방주교회(063-
794-0611), 아홉굿마을(064-773-1946)을 추천한다. 서연의 집은 영화 <건축
학개론>에 나온 집이며 올레길 5코스 위미항 근처에 있다. 방주교회는 서귀포시
안덕면 상천리 427에 있다. 하늘이 물에 비치는 특이한 구조의 건축이 아름답다.
2009년 7월 개장한 아홉굿마을은 1천 개의 의자로 공원처럼 만들어 놓았다. 제
주시 한경면에 위치한다. '굿'은 제주말로 샘을 뜻한다. 아홉 개의 샘이 있는 마을
이다.

전화 064-784-9907
위치 제주도 서귀포시 성신읍 삼달로 137(삼달리 437-5)
설립자 고(故) 김영갑 관장 박훈일
관람시간 9:00~18:00(여름 ~19:00, 겨울 ~17:00) 수요일 휴관, 입장료 3,000원
웹사이트 http://www.dumoak.co.kr/

본관
전시실, 아트숍, 영상실,
유품 전시실, 매표소

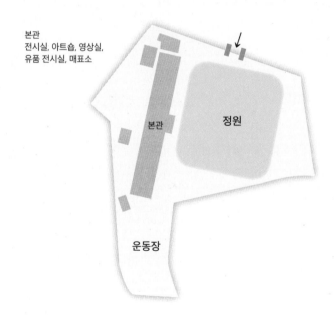

본관

정원

운동장

자연사랑미술관 서재철갤러리

가시초

내비게이션이 자연사랑미술관 위치를 확인했을 때 시선에 들어온 것은 '가시리'라는 마을안내도였다. 가시리는 유채꽃마을로 옛날부터 유명했는데, 막상 가시리 마을안내도를 보니 꽃 말고도 볼거리가 많았다. 특히 '마을 가꾸기'가 최근 진행된 듯 마을 안내판에는 다양한 볼거리를 표기해두었다. 마을안내도가 유난히 큰 것도 눈에 띄었다. 사람들, 즉 관광객을 불러 모으려는 의도가 확연했다. 가시리창작지원센터, 구석물당, 꽃머체, 붉은오름자연휴양림, 사려니숲길, 새가름, 서잣성길, 소꿉지당, 승지물당, 조랑말박물관 등이 있었다. 자연사랑미술관은 그중 하나였다.

하지만 마을 구석구석을 돌아볼 여유가 없었다. 한여름인데도 사위는 이미 어둑어둑해졌다. 주차를 끝낸 뒤 부랴부랴 미술관을 향해 걸었다. 미술관은 한눈에도 폐교였다. 운동장은 넓었다. 얼핏 큰 학교라는 생각이 들었다. 마을의 활력을 감안할 때 학교가 문을 닫았다는 사실도 납득할 수 없었다. 교문의 시멘트 문설주에 박힌 목판에는 '자연사랑미술관'과 '서재철갤러리'라는 이름이 새겨져 있었다. 문설주에서 학교 흔적이 희미하게 발견됐다. 그 옆에는 '배움의 옛터'라는 표석이 있었다.

운동장을 가로질러 미술관 앞에 당도하니 막 문을 닫으려던 전성남 학예사가 "무슨 일이냐"고 물었다. 자초지종을 밝혔다. 부산에서 왔다는 말에, 그는 개관 시간을 연장해주었다. 입구의 중앙홀은 미술관 홍보관으로 바꿔놓았다. 사진작가 서재철의 활동상과 관련 뉴스, 미술관 체험 프로그램 안내문, 도구 등이 가지런히 놓였다. 그중에는 온갖 추억을 사진으로 만들어놓은 시계도 여럿 있었다. 사진을 활용한 시계 만들기 프로그램의 결과물인 것 같았다.

한쪽에는 서재철에 대한 윤세영 『사진예술』 편집장의 글이 있었다. "한라산과 오름과 야생화와 새와 곤충과 해녀와 포구 등 제주도의 모든 것을 놓치지 않고 사진으로 기록했다. 그는 제주도의 기록자였고, 지킴이였으며, 지금도 여전히 그 역할을 계속하고 있다. 미쳐야 미친다. 제주도의 사진가 서재철, 그를 보면 떠오르는 말이다. 그는 10대 후반에 산에 미쳐 산을 오르다가 사진에 눈을 떴다. 그리고 사진에 빠지면서 신문사 사진기자를 직업으로 선택했다. 신문사진을 찍으면서 자연스럽게 제주도의 자연을 기록하기 시작했다. 그는 제주도의 순교자라도 되려는 듯 순정하고 오롯하다. 제주도는 그의 사진의 소재가 아니라 차라리 그의 신앙이다."

미술관은 2004년 서재철·배영희 부부가 문을 열었다. 관리는 아내인 배영희 씨가 맡고 있다. 서 씨는 작품 활동에 매달린다. 미술관이 된 일자형 본관 건물은 거의 바뀌지 않았다. 중앙홀을 중심으로 운동장 방향으로 왼쪽 4칸, 오른쪽 5칸의 교실이 있었다고 한다. 그중 왼쪽 교실 3칸을 하나로 통합해 바람자리관으로 만들고, 맨 왼쪽의 과학실을 흑백사진전시실로 꾸몄다. 오른쪽 교실 2칸을 하나로 묶은 것은 따라비관이고, 다른 교실 한 칸은 카메라전시실, 나머지 교실 두 칸은 사무실로 개조했다. 본관 왼쪽 뒤편에 있던 교실 하나 크기의 창고는 화산탄갤러리가 됐다. 화산탄은 화산 분출 때 용암 덩어리가 하늘로 솟아오르면서 순간적으로 냉각된 화산 쇄설물로, 서재철 작가가 제주 곳곳에서 수집한 것이라고 전성남 학예사가 전했다. 본관 뒤로는 쉼터, 창고, 관장실, 강당이 있었다. 쉼터는 통나무집 형태로 새로 지었다. 관장실은 옛 숙직실이다.

　관람 동선은 중앙홀에서 왼쪽의 바람자리관, 오른쪽의 따라비관, 바깥의 화산탄갤러리 순이다. 바람자리관은 90평 규모로 제주의 사계절을 눈과 마음으로 만날 수 있다. 바람자리는 '바람이 머무는 자리'라는 뜻이다. 따라비관은 이보다 조금 더 작은 60평 규모다. 따라비는 표선면 가시리에 위치한 오름 이름인데, '다라비'라는 고구려 음에 어원을 두고 있단다. '다라'는 고구려어 '달을(達乙)', 혹은 '달(達)'에서 온 것으로 '높다'는 뜻이고, '비'는 제주 산명에 쓰이는 '미'에 통하는 접미사로 다라비는 다라미, 즉 '높은 산'을 의미한다. 이 다라비가 따라비로 경음화한 것이 '따라하비'이고, 이를 한자로 표기한 것이 '지조악'이란다(김인호 민속학자, 인터넷 발췌).

　방문한 날 따라비관에는 '비뚤이 당근과 무 이야기 전'이 열렸다. 사람 다리처럼 생긴 당근 뿌리를 여러 개 세워놓고 촬영한 작품인데, 맨다리를 다 드러낸 아가씨들이 제각각 다른 춤을 추는 모습 같았다. 서재철은 "어느 해 늦추위가 기승을 부릴 때였다"면서 "비뚤어진 당근과 무가 파치로 버려지는 광경을 보고 이를 연출해 사진을 찍으면 재밌겠다는 생각에서 시작한 것"이라고 브로슈어에서 설명했다.

복도에는 폐교 전의 가시초등학교 사진이 여러 장 걸렸다. 그중에는 1회부터 35회까지 졸업생 사진도 있었다. 폐교 이전에 사용한 듯한 풍금, 전축, 소고 등도 폐교 이전을 기억하는 장치였다. 카메라전시실에는 전 세계의 다양한 사진기가 실물 형태로 관람자의 방문을 기다렸다. 상당수가 기증품으로서, 기증된 사진기에는 기증자 이름이 적힌 팻말이 놓여 있었다.

♠ 가시초등학교

가시초등학교는 1946년 개교했다. 4·3사건으로 잿더미로 변한 학교는 1949년 3월 폐교됐고, 이듬해 9월 그 땅 위에 교실 6칸짜리 건물을 새로 지어 화산소학교 가시분교로 다시 문을 열었다. 이후 10년 동안 1~4학년생은 분교에서, 5~6학년생은 본교에서 교육을 받는 가운데 1960년 4월 1일 가시국민학교로 다시 승격됐고 2년 뒤인 1962년 2월 첫 졸업생을 배출했다. 이후 학생이 늘면서 1970년에는 6학급을 편성했고, 1971년에는 현 위치로 확장 이전했다. 1981년 3월 10일에는 병설유치원도 생겼다. 그러나 산업화와 도시화에 따른 이촌향도 바람을 막지 못해 2001년 2월 제40회 졸업식을 끝으로 또다시 문을 닫았다. 총 졸업생은 1천384명이었다.

전화 064-747-3110
위치 제주특별자치도 서귀포시 표선면 가시리로 613번길 46(가시리 1920-1)
관장 서재철
관람시간 10:00~18:00(동절기 ~17:00), 입장료 3,000원
웹사이트 http://hallaphoto.com/default/

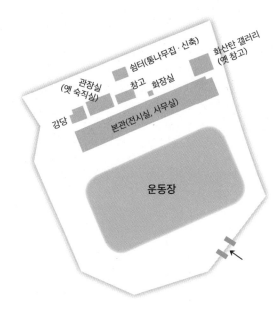

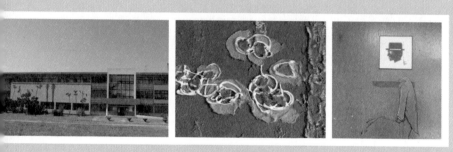

PART
03

우리 동네에 예술가가 산다
시각예술 창작촌

평창무이예술관

무이초

평창무이예술관은 개인 조각공원으로 전국에서 1, 2위를 다툰다. 그만큼 넓다. 폐교가 아니라면 이렇게 넓은 공간을 개인 조각공원으로 활용할 수 없었을 것이다. 운동장에 전시된 작품은 주로 오상욱 작가의 것인데, 170점에 이른다고 한다. 그중 70여 점이 대작으로 분류된다. 인체부터 반추상까지 다양한 작품이 체계적으로 연출됐고, 야외조각공원의 가장 큰 특징인 보고, 만지고, 느낄 수 있는 체험이 가능해 호기심 많은 아이들로부터 늘 큰 인기를 얻고 있다.

평창무이예술관은 1999년 3월 폐교된 무이초등학교를 조각, 도예, 회화, 서예 부문의 중견 예술인 4명이 2년간 개조해 2001년 4월 18일 개관했다. 자연과 예술, 사람이 어우러진 창작촌을 표방하는데, 8월 말 이곳을 찾으면 하얀 메밀꽃이 지천에 핀 풍경도 곁들여 볼 수 있다. 그런 점에서 운이 좋았다. 2014년 8월 30일 이곳을 찾았기 때문이다. 그러나 그날 열린 평창읍 축제에 이곳 작가들이 모두 참가하는 바람에 아무도 만나지 못한 것은 큰 아쉬움이었다.

평창무이예술관은 입구 구조물부터 장엄했다. 새의 날개를 닮은 철 구조물이 정문을 대신했다. 그 아래에 악어 한 마리가 꿈틀거렸다. 정문 구조물 뒤에는 개 같기도 하고, 표범 같기도 한 조각이 쌍으로 놓였다. 날개 오른쪽 끝에는 사각뿔 모양의 매표소가 있었다. 지역 어르신 한 분이 매표소 업무를 맡고 있었는데, "찾아오는 사람이

꽤 많다"고 전했다. 그 옆으로 송덕비 두 개가 나란히 섰다. 하나는 폐교 이전의 것이고, 다른 하나는 평창무이예술관 설립 후 설치한 것이라고 매표소 어르신이 설명했다.

본관은 운동장을 마주보며 일자형으로 자리 잡았다. 건물 가운데에 중앙홀이 있고, 그 홀 가장 가까운 오른쪽 교실이 오상욱 작가의 작업실이었다. 작업실 안에는 소품과 스케치 작품이 가득했다. 그중 폐품을 활용한 작품이 시선을 모았다. 쓰레기란 무엇인가, 갑자기 그 뜻이 궁금해졌다. 일상에서 너무 쉽게 내던진 그것들이 쓰레기가 아닐 수도 있다는 생각이 들었다. 그 옆 교실은 창고로 활용됐다. 문 밖에는 '작업 중, 관계자 외 출입을 금합니다'란 메모가 크게 붙었다.

왼쪽 첫 번째 방으로 옮겨갔다. 문에 '정(연서) 화실-메밀꽃 작화

실'이란 팻말이 걸렸다. 압화 체험도 여기서 이뤄지는 것 같았다. 그 옆 교실은 행정사무실 겸 소하서실이고, 곧이어 전시실이 이어졌다. 방문한 날에는 정연서의 메밀꽃 그림전이 열리고 있었다.

전시실은 교실 두 개를 이어 붙이고, 곳곳에 칸막이를 설치해 동선을 길게 늘였다. 전시실을 빠져나오면 복도에서 이효석의 소설 『메밀꽃 필 무렵』의 삽화를 볼 수 있다. 삽화는 그림엽서 형태로 축소해 아트숍에서 판매했다. 전시실 다음 공간은 소하서예관과 모임방이었다. 소하서예관에는 소하 선생의 작품으로 가득했다. 모임방에서는 지역작가들의 작품전이 열렸는데, 세월호 사건을 묘사한 그림도 있었다. 부속건물 1층은 아트숍 겸 미술 체험실로 사용됐다. 흥미로운 것은 메밀쌀과 메밀가루, 통메밀차 등 지역 농산물을 함께 판다는 사실이었다. 2층에는 휴게실과 전망대가 있었다. 이곳에서 운동장을 내려다보니 전체 조각품이 한눈에 들어왔다.

부속건물 옆에는 층층나무 암벽 타기란 이름의 시설물이 있었다. 그 앞으로 메밀꽃밭이 넓게 펼쳐졌다. 메밀꽃밭 한가운데에 원두막 한 채가 서 있었다. 축제 때라면 인산인해를 이룰 만하다는 생각이 들었다. 본관 건물 뒤에는 전통가마와 석유가마, 가스가마, 작가 숙

소, 쉼터가 위치했다.

내부는 폐교 이전의 모습을 그대로 간직했다. 교실 문틀과 창틀, 마루도 그대로였다. 인터넷에 많이 올려진 화장실 표식이 흥미로웠다. 파란 양복을 입은 신사가 까치발로 오줌을 싸고, 원피스를 들어 올려 엉덩이가 살짝 보이는 숙녀 그림이었다. 평창무이예술촌 정연서 촌장은 "이곳을 찾은 미술대 학생들이 재미로 그린 것"이라고 말했다.

💬 전화 인터뷰 - 정연서

_ 어떻게 시작했나?

효석문화제 창립 때 고문 자격으로 초청받았다. 그러나 혼자 작업하기가 어려울 것 같아서 지인들을 불러 모았다. 내가 소하 선생을 부르고, 소하 선생은 오상욱 교수를, 오 교수는 권순범 선생을 불렀다. 그리고 효석문화제를 제대로 추진하기 위해 공간이 필요하다고 평창군청에 요청했는데, 결과적으로 폐교된 무이초등학교를 빌리게 됐다.

_ 네 사람이 늘 함께 생활하나?

아니다. 나는 상주하지만 다른 작가들은 작업이 있을 때만 서너 달씩 머무는 정도다. 권순범 도예가는 지금 더 이상 함께하지 않는다.

_ 촌장은 어떻게?

처음에는 내가 하다가 몇 해 전부터 한 해씩 돌아가면서 맡고 있다. 지금은 다시 내 차례다.

평창무이예술관은 처음부터 오픈 스튜디오와 미술 체험을 표방했다. 그 덕택에 주민과의 관계가 좋았다. 2005년 기획된 체험전시 축제인 '우리 학교에 놀러와'는 문화예술에 대한 지역주민의 인식을 변화시켰고 새로운 예술교육에 대한 가능성을 제시했다는 평가를 받았다. 지금은 자치단체의 지원이 끊겨 중단됐다.

_ 폐교 운영은?

어렵다. 창작스튜디오가 원래 목적에 맞는데, 갤러리와 야외조각공원이 있다 보니 사람들이 너무 많이 찾고 있다. 이 때문에 매표 관리원을 고용했고, 이래저래 시설을 살펴줄 사람이 필요했다. 그러다 보니 돈이 많이 든다. 입장료를 받고 있지만 큰 보탬이 되지는 않는다. 올해(2015년) 축제 전까지 체험관과 세미나실을 따로 설치해 프로그램을 좀 더 다양하게 운영할 수 있도록 평창군청이 돕겠다고 해서, 지금은 그것을 기대하고 있다.

어린이부터 성인까지 다양한 체험 프로그램을 운영하고 있다. 캐릭터, 물레 돌리기, 인체 드로잉, 퍼즐그림 그리기, 목판화 만들기는

물론이고 소설 『메밀꽃 필 무렵』의 삽화 찍기와 같은 흥미로운 주제의 체험거리도 있다. 도예는 성인반과 어린이반으로 나뉜다. 성인은 주 2회(월, 화)로 초·중·고급반이 있고, 어린이반은 주1회(월)로 조형놀이에 초점을 맞추고 있다.

♠ 상주 작가들

오상욱(56) 조각가는 홍익대 미대와 대학원을 졸업한 뒤 프랑스 파리국립미술학교에서 조각을 전공했다. 홍익대 조소과 겸임교수를 맡고 있으며, 중국 칭다오의 지모라는 곳에 그의 한글조각공원이 설치됐을 정도로 국제적으로 역량을 인정받고 있다. 작품은 국립현대미술관, 서울시립미술관, 서울의숲, 난지창작스튜디오 등이 소장하고 있다.

정연서(61) 화백은 서양화가 감철명 선생의 문하생으로 그림을 시작했다. 제9회 대한민국 현대미술대전 대상, 제23회 대한민국 국제문화예술 대상 등을 수상했고, 지금까지 개인전 23회, 단체전 36회를 가졌다. 현재 현대미술 운영이사 겸 효석문화제 자문위원, 평창무이예술관 서양화분과위원장 등을 맡고 있다.

소하 이천섭(68) 선생은 경기 분당 출신으로 숙부인 도암 이상돈에게 사사했다. 현대미술대상전에서 특선을 했고, 한국서법예술대전 문인화 부문에서 특선입상을 했다. 현대미술작가회 운영이사와 평창군 효석문화제 고문을 역임했고 현재 평창무이예술관 서예분과위원장을 맡고 있다. 15년 전 소하서체를 개발해 사식기 자판용으로 사용했다.

♠ 무이초등학교

평창무이예술관 입구 오른쪽에 위치한 송덕비에 따르면 무이초등학교는 1956년 개교 당시 마을 유지들을 중심으로 땅과 건축비가 추렴됐고, 마을사람들은 누구 할 것 없이 삽과 괭이를 들고 나서 교사를 직접 지었다고 한다. 학교가 곧 마을사람들의 혼이며, 평창무이예술관도 이런 취지를 계승하고 있다. 무이초등학교는 1956년 개교해 1999년 3월 폐교될 때까지 43년 동안 796명의 졸업생을 배출했다.

전화 033-335-6700
위치 강원도 평창군 봉평면 사리평길 233(무이리 57-1)
관람시간 09:00~19:00(1·3주 월 휴관, 동절기 10;00~17:00, 매주 월 휴관),
관람료 3,000원
웹사이트 http://mooee.kr/

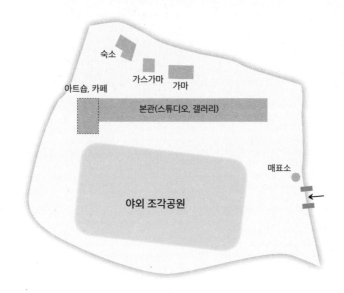

숲속예술학교

세밀화로 그린 자연도감 서적이 한때 유행했다. 사진보다 더 세밀한 그림이었는데, 자연을 그대로 복사한 사진보다 오히려 정감이 갔다. 도감 속의 꽃과 벌레, 물고기, 심지어 시골 풍경까지 살아 있는 듯한 느낌을 주었다. 그때, 도시에 살면서 잠깐씩 교외로 나와 스케치하는 작가는 결코 아닐 것이라는 생각이 들었다. 그것은 도감을 더 자세히 관찰하면서 확신으로 굳어졌다. 그러나 그 확신이 '확인'으로 이어질 줄 미처 몰랐다. 그 도감 속의 장소를 직접 방문해 그린 사람을 만날 수 있을 것이라는 생각도 전혀 하지 못했다. 그런 점에서 강원도 화천 숲속예술학교의 방문은 큰 행운이었다.

원래 필자의 계획은 시골마을 예술텃밭을 방문하는 것이었다. 그곳 인근에 숲속예술학교가 있다는 말을 들었고, 온 김에 가보자는 생각으로 잠시 들르게 되었다. 그런데 실내로 들어선 순간, 책상 위에 펼쳐진 낯익은 도감에 시선이 확 꽂혔던 것이다. '내가 좋아하는 꽃', '내가 좋아하는 곤충'…. 하지만 그 도감보다 더 놀라게 한 것은 주변의 풍경이었다. 도감 속에 등장한 모든 것이 바로 눈앞에 있었다. 심지어 도감 속의 아이들까지….

숲속예술학교는 강원도 화천군 화천읍 율대마을에 위치했다. 출구 없는 계곡을 따라 자동차로 한참 들어간 지점에 십여 가구가 옹기종기 모여 사는, 한적한 산골 마을이었다. 그 마을의 한 자락에 '숲

속예술학교'란 이름의 폐교 문화공간이 있었다. '폐교'라는 키워드로는 인터넷에서도 잘 검색되지 않는 곳이었다. 숲속예술학교 옆으로 작가 이재은 씨가 도감에 그린, 바로 그 개울물이 졸졸 흘렀다. 도감 속의 물고기와 수생 곤충, 식물이 한가롭게 살 정도로 물은 투명하고 맑았다. 운동장은 넓지 않았지만 부부 가족이 마당을 삼아 사용하기에 부족하지 않았다. 건물은 3개동이었는데, 가장 큰 것이 폐 교사를 개조한 본관이고, 이와 'ㄱ'자 형태로 누운 것은 이정인 씨의 목공작업실로 새로 지었다고 했다. 본관 뒤에는 부부 가족이 사는 컨테이너 하우스가 자리 잡았다.

　남편 이정인 씨는 "폐 교사의 경우 교실 3개와 교무실 1개로 돼 있었다"고 전했다. 이를 개조해 복도를 따라 예술다방, 전시실, 이재은 작업실, 소 전시실로 재배치했다. 그 과정에서 소 전시실 앞쪽에 있던 출입구는 건물 제일 왼쪽으로 옮겨졌다. 소 전시실은 과거 매점이고, 예술다방 오른쪽 옆의 화장실은 창고였다. 지붕은 석면에서 금속

컨테이너 하우스

기와로 교체됐다. 50년 가까이 된 폐 교사가 생각보다 훨씬 더 산뜻하게 보였는데, 그 이유가 새로 얹은 금속 기와지붕 때문이었다. 창은 세로 길이를 늘려 채광 구간을 확대했고, 굴뚝은 그대로 살려 건물 외관에 포인트를 줬다. 살림집으로 사용하는 본관 뒤 컨테이너 하우스는 그가 설명하지 않았다면 컨테이너인 줄 모를 정도로 내·외부가 잘 꾸며졌다. 지붕에는 위성방송 수신기도 안테나도 달렸다. 산골이지만 있을 것은 다 있었다. 폐 교사는 1968년에 지어진 것으로 추정됐다. 이정인 씨는 "리모델링 공사 중 상량보를 찾았는데 1968년이라고 적혀 있었다"고 말했다.

💬 인터뷰 - 이정인

이정인·이재은 부부는 미술을 전공했다. 이정인 씨는 1994년 서울시립대 시각디자인학과를, 이재은 씨는 1998년 중앙대 서양화과를 졸업했다. 부부는 결혼 후 줄곧 서울에서 미술교사로 일했다. 그런데 어느 날 이정인 씨 몸이 극도로 나빠졌다. 병원에서는 희귀 난치병인 '크롬병'이라며 "완치 불가능"이라고 선언했다.

투병 생활은 수년간 지루하게 이어졌지만 차도가 없었다. 그 무렵 부부는 환경을 바꿔보자며 서울을 떠나 강원도 홍천으로 거처를 옮겼다. 이정인 씨는 "폐가를 고쳐 7년을 살았다"고 말했다. 그곳에서 식이요법을 병행했는데 효과가 있었다. 지금은 통증이 거의 없고, 약 의존도도 줄였다고 그는 웃으며 말했다. 홍천에서 그는 목공을 배웠다. 지금은 시각디자인보다 목가구 작업에 더 치중하고 있다. 특히 죽은 나무로 물고기 작품을 만들어 여러 차례 전시회를 가졌다.

홍천에서 화천으로 삶의 터전을 다시 옮긴 것은 우연이었다. 2010년 부부가 추억여행 삼아 이곳에 잠시 들렀는데, 산과 계곡, 숲이 모두 마음에 들었단다. 말 그대로 한눈에 꽂힌 것이다. 부부는 초등학교 6학년과 3학년 아들 둘과 함께 숲속예술학교에서 산다고 했다. 이들을 만난 것이 2014년 여름이니 지금 큰아들은 중학생이 됐을 테다.

__ 화천에는 어떻게 들어왔나?

2010년 10월 여행을 하다 우연히 이곳을 알게 됐는데, 한눈에 반해 그대로 눌러앉았다. 특히 아내가 좋아했다. 도감에 자연을 그리는 생태미술을 하던 중이었는데, 이만한 환경이 없다고 했다. 조건도 좋았다. 매년 두 차례 화천에서 전시회를 가지면 폐교는 무상 임대였다. 전시회는 우리에게도 필요했으니 마다할 이유가 없었다.

부부는 화천산천어축제 때 군청 로비에 화천군을 상징한 부부 작품을 매년 전시하고 있다. 2013년에는 군부대 벙커를 빌려 마네킹과 물고기 나무 전시회도 가졌다. 군인 대상의 '국군장병과 함께하는 문화예술캠프'도 3년째 진행하고 있으며, 2013년부터는 기업과 단체 대상의 창의 연수 프로그램도 운영하고 있다.

_ 폐교 상태는?

시설이 썩 좋은 편은 아니었다. 학교가 문을 닫은 것은 1993년인데, 이후 종교시설로 이용됐다고 한다. 이 시설은 마을사람들의 원성을 사 결국 문을 닫았고 이후 우리가 들어온 2010년까지 방치됐다.

_ 지금 삶은 어떤가?

부족한 것이 없지는 않지만 충분히 만족하며 산다.

♠ 화천초 율대분교

화천초등학교 율대분교는 1956년 4월 1일 문을 열어 37년간 운영되다 1993년 3월 1일 폐교됐다. 폐교 당시 1학급 3명이 있었고, 재산은 부지 2,774㎡, 건축 총면적 288.6㎡(건물 4개 동)가 남았다. 폐교는 2011년 11월 29일 화천군이 1억 2천100만 원에 매입해 숲속예술학교에 무상 임대하고 있다(화천교육지원청 정보공개 자료 참조).

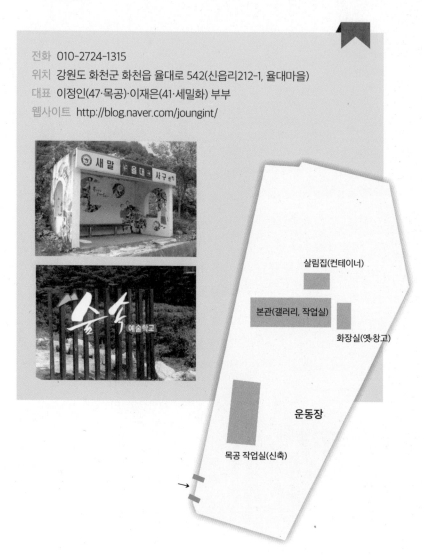

전화 010-2724-1315
위치 강원도 화천군 화천읍 율대로 542(신읍리212-1, 율대마을)
대표 이정인(47·목공)·이재은(41·세밀화) 부부
웹사이트 http://blog.naver.com/joungint/

살림집(컨테이너)

본관(갤러리, 작업실)

화장실(옛 창고)

운동장

목공 작업실(신축)

강릉예술창작인촌

경포초

기초지방자치단체가 예산을 들여 공간을 확보한 뒤 예술인을 입주시킨 폐교 문화공간은 전국적으로 많다. 강릉예술창작인촌도 그 중의 하나다. 이곳은 강릉 최대 관광지인 오죽헌 옆에 위치해 관광객을 탐방객으로 바꾸는 효과가 기대되고 있다. 이른바 '관광형 예술창작 공간'이다. 주차도 오죽헌 주차장(무료)에 하면 된다.

오죽헌 입구에서 길을 건너 강릉예술창작인촌 골목으로 들어갔다. 골목 입구에 자리한 '카페 사임당' 모델이 눈길을 끌었다. 바로, 강원도 화천에 감성마을을 꾸민 소설가 이외수였다. 그가 어떤 인연으로 이 카페의 모델이 됐는지는 굳이 물어보지 않았다. 강릉예술창작인촌에 들어가기에 앞서 골목에 자리 잡은 공방부터 훑었다. 공방은 골목 입구의 오렌지색 나무로 만든 '오죽헌 공방길' 안내판에 잘 나타났다. 골목 입구에서부터 솜씨공예, 실과 바늘, 천조공방, 자작

나무, 쎌리스아트 순이었다. 공방은 강릉예술창작인촌과 무관하지 않았다. 일부 공방의 주인은 강릉예술창작인촌에도 개인 공방을 두고 있었다.

　강릉예술창작인촌은 폐교였음을 전혀 알 수 없을 정도로 많이 바뀌었다. 특히 외관이 화려했다. 강릉시가 20억 원을 들여 개조 작업을 진행했다고 한다. 철과 목재를 적절히 활용해 미술관 분위기가 잘 연출됐다. 입구 유리문에는 '강릉예술창작인촌 방문을 두 팔 벌려 환영합니다'란 안내문이 붙었다. 다른 창작촌과 달리 이곳은 처음부터 오픈 스튜디오를 지향했다. 참고로 강릉시는 2006년 30억 원의 예산을 들여 폐교를 강릉시교육청으로부터 매입했다. 당초 계획은 강릉민속연구소, 아태지역민속놀이체험장, 인형박물관 등으로 활용하겠다는 것이었다. 그런데 2009년 말, 정부의 '지역공예공방 및 전시판매장 조성사업' 대상자로 선정되면서 예술창작인촌 조성으로 급선회했다고 한다. 현재 악기공예, 귀금속 공예, 도예 등 20여 명의 작가들이 입주해 작품을 만들어 전시하고 있다. 오픈 스튜디오이면서 일반인 체험과 교육도 가능하다. 이를 위해 1층에 안내 데스크를 따로 둔 것이 이채롭다. 직원이 상주하며 탐방객을 맞이했다.

일자형 폐 교사를 개조한 강릉예술창작인촌은 모두 3층으로 돼있다. 그중 1층은 스튜디오와 전시실, 2층은 동양자수박물관, 3층은 아뜨리에 나겸, 사임당수석전시판매장, 동아리방, 체험장으로 사용되고 있다. 1층 중앙홀을 기준으로 오른쪽에는 서진악기, 갤러리 토토, 화실규방, 세인공방, 솜씨공방, 수규방, 자작나무 등의 공방이 위치했고, 왼쪽에는 강릉요, 도예공방 빔, 예림원, 문경희 닥종이인형연구소, 골무, 임영규방, 참공예연구소, 천조공방 등이 있었다. 그중 서진악기는 현악기 장인인 임창호의 바이올린과 첼로 작품, 조그만 기념품을 파는 장소로 활용되고 있었다.

2층 동양자수박물관은 25년간 자수를 수집한 안영갑 관장의 개인박물관이다. 강릉예술창작인촌 개촌과 함께 2011년 문을 열었다. 한국자수전시실, 중국·일본자수전시실, 특별전시실 등 3개 전시실이 있었다. 한국자수전시실은 조선 궁중 유물자수와 흉배, 후수, 수병

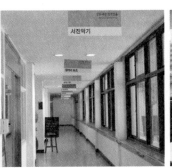

풍, 생활용 자수, 회화용 액자수 등 300여 점이 전시됐다. 그중 안 관장이 가장 큰 관심을 보인 코너는 강릉전통자수 전시실로, 강릉 수보자기와 색실 누비쌈지를 전시하는 곳이었다. 중국·일본자수전시실은 명·청 시대를 중심으로 중국 흉배, 불교 자수, 생활소품 자수 등 60여 점과 에도부터 메이지까지의 일본 전통 수보자기(일명 후쿠사), 회화용 자수, 생활용 자수 등 50여 점을 모아놓았다. 특별전시실에서는 우리나라 색동 조각보(옷보, 상보)와 원삼, 색동조각천을 활용한 생활용 소품(실패, 바늘집, 바늘방석, 식기보, 버선본집, 바늘꽂이, 수저집) 등 90여 점과 서양자수 전시 코너의 17~20세기 초 유럽과 미국 십자수 샘플러(견본 작품) 30여 점을 구경할 수 있었다.

♠ 경포초등학교

경포초등학교는 1932년 4월 정동공립보통학교로 설립 인가를 받았다. 1941년 경포공립국민학교로, 1946년 경포국민학교로, 그리고 1996년 경포초등학교로 개명했다. 강릉예술창작인촌 부지는 경포초등학교가 2003년 솔올지구로 옮기면서 남겨졌다. 이를 2006년 강릉시가 강릉시교육지청으로부터 매입해 2010년 강릉예술창작인촌과 동양자수박물관으로 개촌했다. 매입부터 개촌까지 4년의 세월이 걸린 것은 그동안 민속연구소, 아태민속체험장, 헤르만 헤세 박물관 등 다양한 용도의 아이디어가 충돌했기 때문이었다.

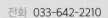

전화 033-642-2210

위치 강원도 강릉시 죽헌길 140-12(죽헌동 149)

관리주체 강릉시(2층 동양자수박물관은 안영갑 관장이 따로 운영)

웹사이트 http://cafe.naver.com/original2010/

본관
1층 : 공방
2층 : 동양자수박물관
3층 : 아뜨리에 나겸
     사임당수석 전시 판매장
     동아리방, 체험장

박덕규미술관

박덕규미술관은 남강과 가화강이 진양호로 합수되는 지점에 위치했다. 진주 시내에서는 순환로와 경서대로, 칠봉산길 순으로 들어오다 삼계교차로에 못 미쳐 왼쪽 길로 방향을 틀면 된다. 가야 토기 모양의 문설주가 눈길을 끌었다. 입구 양쪽에 하나씩 섰는데, 어른 키보다 더 높이 붉은 기와를 쌓아 만들었다. 문설주 사이에는 횡으로 밀고 닫을 수 있는 철제 접이식 문이 달렸다. 문은 한 사람이 지나다닐 정도로만 열렸다. 누구나 들어올 수 있되, 작업을 방해하지 말라는 무언의 당부다. 들어가기 전에 뒤를 돌아보니 미술관 주변으로 7채 정도의 집이 있었다. 그 집 뒤로 경서대로가 공중으로 지나고 있었다.

정원이 넓었다. 정원은 한때 아이들이 뛰어놀던 운동장이었다. 한여름인데도 웃자란 풀이 없었다. 누군가 매일 정성을 다해 정원을 관리한 듯했다. 정원 곳곳에 조각품과 바윗돌, 키 큰 나무가 슬그머니 고개를 내밀었다. 정원은 운동장 위에 잔디만 깔아놓은 모양이 아니었다. 어떤 곳은 둔덕처럼 높게, 또 다른 곳은 연못처럼 푹 꺼지도록 했다. 시선의 단조로움을 피하기 위해 일부러 그런 것 같았다. 둔덕 위에는 페트병으로 만든 바람개비들이 바람을 맞고 있었다.

박덕규미술관은 1997년 문을 닫고 이전한 옛 내동초등학교 나동분교를 개조한 박덕규(81) 화백의 개인 작업실 겸 미술관이다. 그러

나 인터넷에서도 관련 자료를 거의 찾을 수 없을 정도로 대중적으로 잘 알려진 곳은 아니다. 명칭은 미술관이지만 이보다 작업실로 더 많이 사용되고 있기 때문이다. 그도 일부러 홍보할 생각은 없는 듯했다. "지나가다 궁금해서 들어오면 안내해 주는 정도"라고 그는 답했다. 물론 문은 늘 열어놓는다. 출입을 금하는 것은 아니기 때문이다.

　미술관은 정원과 3개 동의 건물로 이뤄졌다. 정문 입구의 오른쪽 흰 건물이 그의 작업실이고, 운동장을 마주보고 선 적갈색 벽돌 치장의 건물이 전시관이다. 운동장 끝에 자리 잡은 것은 그의 개인 박물관이다. 그중 전시관은 본관 교실 7칸을 틔워 만들었다. 외벽은 벽돌처럼 보이지만 실제로는 콘크리트다. 그가 건물 개조 작업을 하면서 일부러 붉은 벽돌을 붙였다. 그 벽돌 치장 위로 가을이면 더 붉은 담쟁이덩굴이 뒤덮는다고 그는 말했다. 담쟁이덩굴 사이로 드러난

건물 빛깔은 문설주처럼 적갈색 벽돌이었다. 적갈색은 초록빛의 정원과도 잘 어울렸다. 본관 정문 앞 바닥에도 적갈색 벽돌이 여러 개 박혀 있는데, 가까이 가서 들여다보니 문설주의 바로 그 가야토기 모양이었다. 박 화백은 건물 벽을 가리키며 "창문을 막아놓은 것도 다 가야토기 무늬"라고 일러주었다. 가야토기는 그가 평생 추구하고 있는 예술 모티브다. 그러고 보니 정원의 움푹 팬 웅덩이도 가야토기 무늬다.

전시관은 중앙홀을 중심으로 전시실이 양쪽으로 한 개씩 있었다. 한쪽은 교실 3개, 다른 쪽은 교실 4개를 틔웠다. 덕분에 전시실은 넓다. 하지만 작품이 워낙 많아 일부는 바닥에 놓였다. 대중 관람을 목적으로 운영하는 미술관이 아니라서 "아직 큐레이터도 없다"고 그는 말했다. 작품은 모두 그가 그린 것이다. 젊은 시절부터 최근 것까지 다양했다. 젊은 시절 작품은 사실화에 가깝고, 최근 것은 도기를 모티브로 한 반구상화(그는 '평면회화'라고 불렀다)였다.

운동장 끝에 위치한 개인 박물관은 그의 모든 이력이 담겨 있었다. 어릴 때 학교에서 받은 상장과 그때 사용한 학용품, 젊은 교사 시절

머리카락에 바른 포마드 기름, 그의 작품이 실린 문학지 표지와 전시회 포스터, 작품 도록, 그가 아직도 즐겨 사용하는 각종 담배 파이프, 그의 인터뷰 기사, 방명록 등이 가지런히 전시됐다. 또 한쪽 벽에는 작품의 모티브가 된 가야토기 파편이 유리관 속에 진열돼 있었다. 각 파편은 그가 언제, 어디서 주웠는지를 알 수 있도록 날짜가 표기돼 있었다. 그가 얼마나 섬세하고 꼼꼼한지를 미루어 짐작하게 했다.

💬 인터뷰 - 박덕규

_ **이곳에 언제, 어떤 경로로 들어왔나?**

1997년 폐교된 직후 교육청으로부터 임대했으니 벌써 18년이 지났다. 처음에는 함안에서 폐교를 찾았는데, 가격이 맞지 않아 이곳으로 오게 됐다.

_ **당시 폐교 상태는?**

폐교된 지 1년도 되지 않았는데 상태는 좋지 않았다. 창문이 52개였는데 성한 것이 하나도 없었다. 곳곳에 담배

꽁초와 음식물 쓰레기가 있어 청소하는 데 며칠이 걸렸다. 개조를 포함해 거의 1년 정도 공사를 했던 것 같다. 개조 비용만 6억 5천만 원이 들었다. 퇴직금에 집까지 팔았다. 내 혼과 열정, 땀, 재산이 다 들어갔다. 당시 3억 원이면 학교를 통째로 살 수 있었다. 그럼에도 그렇게 하지 않았다. 지금은 시가로 50억 원을 웃돈다고 들었다. 내 그림을 모두 미술관에 기증할 것이기 때문에 지금도 구매에 대한 미련은 전혀 없다.

그는 대뜸 소형 리어카를 한쪽 구석에서 꺼내 보이면서 "이것이 이곳의 역사"라고 말했다. 그 소형 리어카에 수많은 벽돌과 흙, 돌을 담아 정원을 만들고 허물어진 교사를 개조했다는 뜻이었다.

_ 작업은?

교사 생활을 할 때도 붓을 놓지 않았다. 지금은 거의 매일 오전 5시가 되면 이곳에 온다. 커피 한 잔 마시고 곧바로 작업실로 들어간다. 작업에 빠지다 보면 점심을 굶는 경우도 많다. 지금까지 3천500점 이상을 그렸다. 하지만 단 한 점도 팔지 않았다. 일본이나 미국에서 초청 전시회를 하고 난 뒤에도 그대로 다 가지고 돌아왔다. 오죽하면 일본 언론이 남들은 작품을 팔려고 안달인데 박덕규는 사겠다는 사람이 있어도 무시한다고 글을 썼겠나.

그는 작품을 자식에 비유했다. 자식을 파는 부모가 어디 있느냐는 것이다. 그러면서 그는 "인생처럼 예술도 쉽게 완성될 수 있는 것이 아니다"라고 말했다. "진짜 좋은 작품은 칼이나 송곳으로 찔렀을 때 피가 뚝뚝 떨어질 정도의 열정이 묻어나야 하는데, 나는 아직 그렇지 않다"며 자신을 낮췄다. 그는 1977년 경남도미술대전을 만들어냈고, 2005년에는 국전 심사위원장을 지낼 정도로 예술적 완성도를 미술계로부터 인정받았다.

_ 미술관 운영은?

지금은 제대로 운영하지 못하고 있다. 거의 작업실로 사용한다. 그러나 사후에는 훌륭한 미술관이 됐으면 좋겠다. 특히 진주는 미술관이 없다. 아이들의 감성을 일깨울 수 있는 미술관으로 역할을 했으면

하는 바람이 크다. 영어, 수학으로는 감성이 길러지지 않는다. 감성이 없으면 옳은 사람이 되기 힘들다.

박덕규 화백은 1935년 경남 하동군 하동읍 두곡리에서 6남 2녀 중 막내로 태어났다. 1957년 진주사범학교를 졸업한 뒤 45년간 미술교사로 일했다. 퇴직 후에는 박덕규미술관에서 전업작가로 살고 있다. 그는 2012년 9~11월 경남도립미술관에서 '민족혼으로 빚어낸 토기의 환상, 박덕규'라는 제목의 개인전을 가졌다. 경남도립미술관이 초청한 전시회였는데, 미술관 측은 그를 위해 특별히 1~3층 전시관 전체를 다 내어주었다. 당시 경남도립미술관 박은주 관장은 "미술관 개관 이후 처음"이라며 큰 의미를 부여했다. 박 관장은 또 박덕규미술관에 대해 "어릴 때부터의 모든 용품과 작품을 단 한 점도 버리거나 팔지 않고 고스란히 간직해온 그의 보물창고"라고 평했다.

♠ 내동초등학교 나동분교

내동초등학교 나동분교는 1945년 3월 1일 문을 열어 53년 동안 운영되다 1998년 9월 1일 폐교됐다. 폐교 당시 5학급 12명의 학생이 남았으며, 재산은 토지 6,321㎡,

건물 1,210.74㎡가 있었다(진주교육지원청 정보공개 자료 참조).

전화 055-741-6178
위치 경남 진주시 내동면 칠봉산길 26-20(삼계리 253-9)
관장 박덕규
관람시간 10:00~16:00, 무료

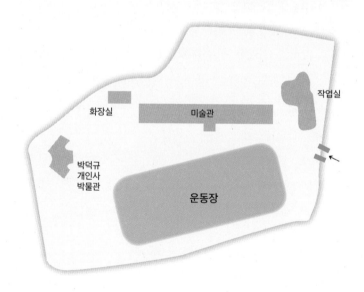

도산예술촌

도산초
도남분교

예술은 자연과의 교감이 중요하다. 시각예술은 더 그렇다. 수많은 시각 예술인이 도시를 떠나 시골을 찾아 들어간 것도 같은 이유에서다. 자연 속에 웅거하면서 잃어버린 예술적 '야성'을 되찾고 싶었을 것이다. 경남 고성 도산예술촌도 그런 취지로 설립됐다. 부산에서 활동하던 중견 예술인들이 마음의 휴식과 창의성 회복을 위해 문을 닫은 학교를 다시 열었다.

도산예술촌은 청정해역인 '도산반도'의 서쪽 끝자락에 자리 잡고 있다. 통영시와 고성읍을 잇는 14번 국도를 달리다 도산면에서 77번 국도인 도산일주도로로 갈아타면 구절양장 같은 산길에 오르는데,

그 길이 둘로 갈라지는 지점에 위치하고 있다. 길이 워낙 구불구불해 자동차 속도가 뚝 떨어졌다. 마음을 내려놓고 천천히 오라는 뜻일까. 이른 아침이 아닌데도 도산예술촌은 해미에 휩싸였다. 내비게이션이 없었다면 자칫 지나칠 뻔했다. 주변에는 민가가 거의 없었다. 아이들이 어디서 어떻게 학교를 다녔을까, 문득 궁금해졌다.

도산예술촌은 생각했던 것보다 훨씬 깨끗했다. 입주 작가들의 품성이 시나브로 느껴졌다. 운동장에는 풀이 듬성듬성 자랐지만 지저분한 정도는 아니었다. 학교 담장에는 울긋불긋한 꽃 그림이, 본관 건물로 올라가는 계단에는 커다란 해바라기 그림이 그려졌다. 그럼에도 옛 학교 모습은 크게 변조되지 않았다. 교사 앞의 국기 게양대에 태극기가 그대로 걸렸고, 각 교실의 창문도 바뀌지 않았다. 복도는 마루였고, 복도 한쪽에 길게 배치된 사물함은 그대로 사용되고 있었다. 실내는 깨끗했다. 창작촌이라고 하면 으레 예술가의 자유로운 영혼만큼 자유롭기(?) 마련인데, 이곳은 그렇지 않았다. 오히려 청결에 무척 신경을 쓴다는 느낌을 갖게 했다.

본관에서 가장 가까운 건물이 도산갤러리다. 갤러리는 폐교 전까지 창고였다. 통영시로부터 예산 지원을 받아 개조했다고 이충길 촌장이 말했다. 방문한 날에는 '통영, 바다에 서다'(2014.8.1.-9.30.)전이 열리고 있었다. 갤러리 옆의 옛 급수대 벽에는 청동상이 부조처럼 걸려 있었다. 미술실 한쪽에 진열된 아그리파, 줄리앙, 호머 등의 석고상을 청동으로 만들어 서로 연결시킨 작품이었다.

그 옆의 작은 집은 게스트하우스다. 큰 방 두 개가 있는 20평짜리란다. 벽면을 파스텔 톤의 구성화로 예쁘게 꾸몄다. 방은 언제라도 손님을 맞을 준비가 된 듯 깨끗했다. 방마다 그림이 걸렸다. 입주 작가들의 그림이라고 했다. 그림만으로도 특별한 1박 2일을 보낼 수 있을 것 같아 괜히 기분이 들떴다. 예술 체험이 따로 없다. 그림뿐 아니라 부엌에 걸린 벽시계를 비롯해 크고 작은 소품들도 작가의 손을 거쳤다.

운동장 한 귀퉁이에는 천막 휴게실이 있었다. 햇빛이 쨍쨍한 여름날에 더 잘 어울릴 공간이었다. 방문 전 연락을 한 까닭에 이충길 촌장이 천막 휴게실에 미리 나와 커피를 끓이고 있었다. 곧 다른 예술인들도 하나둘 모여들었다.

도산예술촌의 입주 작가는 대표를 맡고 있는 이충길과 김충진, 박일철, 조영제, 차경복, 이상식 등 8명에 이른다고 했다. 이들은 부산에서 꽤 잘 알려진 중견 작가들이다. 미술교사나 전업작가를 하면서 부산에서 지내다 10여 년 전부터 이곳에 모여 '하나'가 됐다.

방문한 날에는 이충길 촌장과 이상식·박일철 화백을 만났다. 이충길(70) 촌장은 홍익대 출신의 서양화가로, 부산미협 회원으로 활동하고 있다. '물감 짜내기(squeezing)' 기법(작가는 '주사기[syringe] 기법'이라고 부른다)으로 유명했다. 잭슨 플록의 '뿌리기(Dropping)' 기법과 비슷했는데, 색의 겹침을 통해 새로운 질감을 만들어냈다. 이상식(60) 화백은 부산 출생으로 중앙대를 졸업했다. 사물 간의 융합과 물

이상식 · 이충길 · 박일철 화백(왼쪽부터)

성에 관심이 많다. 박일철 화백은 부산예술대 부교수로 있으면서, 나우아트 사이버미술관장도 맡고 있다.

💬 인터뷰 - 이충길, 박일철, 이상식

_ **도산예술촌은?**

부산의 중견 작가들이 만든 시각예술 창작공간으로서, 1998년 8월 20명으로 시작했다. 그러나 거주지인 부산과의 거리가 멀다는 이유로 하나둘 빠지면서 1년 뒤 15명으로, 그리고 3년 뒤 10명으로 줄었다. 지금은 8명이 상주하고 있으나 초기 작가는 3명뿐이다.

_ **작가의 평균 나이와 입주 조건은?**

평균 65세다. 70대가 4명이고 60대가 4명이다. 입주는 만장일치로 결정된다. 한 명이라도 반대하면 입주할 수 없다. 그것도 나간 사람이 있을 때에만 가능하다. 월 10일 이상 상주해야 하는 조건도 있다.

물론 외국 전시회를 비롯해 납득할 만한 이유가 있다면 상관없다. 생활은 자유롭지만 작품활동은 충실히 해야 한다.

_ 리모델링 작업과 추가된 시설은?

본관 건물은 개조하지 않았다. 지붕도 그대로다. 폐교 2년 뒤 들어와서 상태가 좋았다. 갤러리는 통영시에서 지원받아 개조했다. 원래는 창고였다. 사택은 자체 자금을 모아 게스트하우스로 개조했다.

_ 임대료는?

임대료는 연 200만 원 정도 된다. 처음에는 360만 원을 냈다. 우범지대가 되지 않도록 관리를 해주는 것만으로도 교육청은 다행으로 생각해야 하는데….

_ 어떻게 들어왔나?

부산의 중견 작가로 구성된 '형맥회'라는 모임이 있었다. 이 모임에서 함께 작업할 새 공간을 찾았다. 이왕이면 공기 좋은 곳에서 예술적 영감을 얻으며 작업하고 싶어 했다. 부산에는 그럴 공간이 없었다. 수배 끝에 이곳을 찾아냈다. 섬에도 있었지만 교통이 불편해 제외했다.

_ 주민과의 관계는?

이곳 주민은 거의 다 이 학교를 졸업했다. 마을 행사도 으레 이곳에서 갖는다. 우리도 마을에 폐를 끼치지 않으려고 노력한다. 작가들의 나이가 다 많기 때문에 그럴 개연성도 없다. 예술촌 자체 행사에 대해서도 주민들이 잘 협조해준다. 오죽하면 면장이 일부러 찾아와 운동장의 풀을 다 뜯어주고 가겠나. 나도 주민자치위원회 고문으로 위촉돼 있다.

_ 전시회는?

기획전과 상설전이 있다. 기획전은 '통영, 바다에 서다'가 대표적이며, 2014년에는 8월에 열렸다. 통영시가 300만 원을 지원했다. 상설전은 '도산작가 66~99전'이 있다. 66~99는 그림 값을 66만~99만 원만 받는다는 뜻이다. 5~6월에는 통영·부산 이음전을 갖는다. 전시회가 자주 열려 작품을 열심히 만들지 않으면 방출된다. 실제로 두 사람이 쫓겨났다.

_ 게스트하우스는?

하루 5만 원을 받는다. 20평 정도 되는데, 침실 2개와 식당, 화장실이 있다.

_ 전국에 시각예술 창작촌이 많다. 그러나 잘 되는 곳이 드물다. 그 이유가 뭘까?

기초 지자체가 운영하는 창작촌이 많다. 이런 창작촌은 성과를 단기적으로 내기 위해 체제 기간을 1~2년 정도로 짧게 설정한다. 심지어 6개월 안에 성과를 내라고 하는 곳도 있다. 환경에 적응하는 데도 그 정도 시간이 걸리는데 성과를 내기는 더욱더 어렵다. 체제 기간을 최소한 5년 정도 주어야 한다.

♠ 박일철 화백의 나우아트(Now Art)

나우아트(http://nowart.kr/gnu)는 도산예술촌 박일철 화백이 혼자서 운영하는 시각예술 잡지다. 20년 전 웹진으로 시작했는데, 지금은 종이 잡지(통상 1천 부)도 만들고 있다. 종이 잡지는 2014년 10월까지 11호가 나왔다. 국내 작가의 동향과 그림 경매, 갤러리 정보 등이 담긴다. 나우아트를 통해 경매된 그림은 고작 3점밖에 없지만 구독자는 점점 더 늘고 있다고 박 화백은 말했다. 이 내용은 이슈닷컴(issuu.com)에 올리는데, 한 콘텐츠의 경우 49만 명이 접속했다며 그는 자랑했다. 박 화백은 "자꾸 알리다 보면 세계 유수의 미술관에서도 연락이 올 것 같다"며 웃었다. 최근엔 옥션에 그림 경매숍도 열었다. 그는 특히 자신이 상주하고 있는 도산예술촌 작가들의 작품을 전 세계에 알리는 데 큰 몫을 하고 있다고 자부심을 나타냈다. 영문판도 그가 직접 기사를 작성한다.

♠ 도산초등학교 도남분교

도산초등학교 도남분교는 1946년 10월 1일 문을 열어 50년 만인 1996년 3월 1일 문을 닫았다. 폐교 당시 2학급 6명의 학생이 남았고, 이들은 도산초등학교로 전학했다. 토지는 7,758㎡, 건물 714.36㎡로 교사동(546.05㎡), 창고, 화장실, 사택이 있었다. 폐교 당시 교사동은 B급, 나머지는 C급 건물안전등급을 받았다(통영교육지원청 정보공개 자료).

전화 055-647-0016
위치 경남 통영시 도산면 도산일주로 715(저산리 613-1)
촌장 이충길 웹사이트 http://dosanart.com/

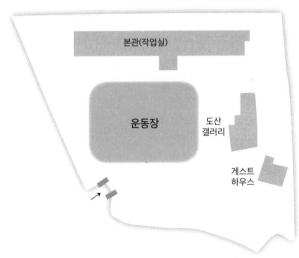

갤러리 지두

법동초

갤러리 지두는 2005년 5월 문을 열었다. 부산에서 활동하던 엄윤숙·윤영 자매가 2004년 7월 거제 법동초등학교를 빌려 개조 작업을 거친 뒤 작업실 겸 갤러리로 개관한 것이다. 지두는 조카 지용과 두용의 앞 글자를 땄다고 엄윤숙 화백이 설명했다. 그러나 그는 "손으로 그리는 으뜸 그림의 뜻도 있다"고 덧붙였다.

갤러리 지두는 본관과 별관으로 구성됐다. 본관은 2층 규모인데, 건물 왼쪽에 1, 2층이 이어지는 계단이 있다. 각 층은 교실 6칸으로 이뤄졌다. 그중 1층의 3칸은 주거 공간이고, 나머지는 작업실(옛 교무실), 수장고, 식당으로 이용된다. 2층 2칸은 갤러리이고 나머지는 수장고다. 별관은 옛 체육도구 보관실이었는데, 지금은 거제지역 작가 3명의 공동 작업실로 활용되고 있다. 주변에 교장과 직원 사택이 있었으나 교장 사택은 철거됐고, 직원 사택은 갤러리 지두의 관리권 밖에 있어 폐가로 방치되고 있다.

💬 인터뷰 - 엄윤숙

_ 폐교를 선택한 이유는?

큰 작업을 할 공간이 필요했다. 처음에는 창작실로만 사용하려 했는데, 거제시가 시민 교육을 요청해 갤러리 공간을 따로 두었다.

_ 폐교 상태는?

5년가량 폐교 상태로 방치된 것으로 알고 있다. 유리창 3분의 1 이상이 깨졌다. 정문과 국기 게양대도 철 소재라 고물상이 뜯어갔다. 차라리 땅을 사, 새 건물을 짓는 게 낫다는 생각이 들 정도였다.

_ 리모델링은?

생각보다 춥다. 그래서 유리 창틀은 이중창으로 바꾸고, 주거 공간의 경우 전기난방을 시설했다. 1층 마루도 다 낡아 새로 했고 재래식 화장실과 정문도 바꿨다. 이러다 보니 1억원 이상이 들었다. 동상이 하나 있었는데, 밤에 너무 무서워 교육청 협의를 거쳐 치웠다. 운동장은 논이 있던 곳이라서 지금도 비가 오면 질퍽질퍽해진다. 운동장의 자갈이 깔린 곳은 국가 땅이었는데, 5년 전 거제교육지원청이 구입했다.

_ 교육청 지원은?

2013년 처음으로 비가 새는 곳을 고쳐주었다.

_ 어려움은?

폐교다 보니 별일이 다 있다. 한번은 관광버스가 들어와 사람들이 왕창 내리더니 운동장에 돗자리를 깔아놓고 점심을 먹었다. 이들이 떠나고 난 뒤 보니 쓰레기 천지였고, 실내 화장실도 엉망이었다. 여름에는 안으로 들어와 샤워를 하겠다는 사람도 있고, 차편이 없다며 재워달라는 청년도 있었다. 정문이 낮아 잠가놓아도 넘어 들어온다. 명절에는 아예 이웃사람들이 돗자리를 펴놓고 술을 마시고 잠을 잔다.

_ 주민 관계는?

주민들이 우리를 싫어할 이유가 없다. 남자 작가들이 있는 창작촌
은 음주 때문에 주민들과 마찰이 많다고 들었다.

_ 탐방객은?

전국에서 미술 작업하는 사람들이 많이 찾아온다. 비공식적으로
워크숍도 하고 전시회도 갖는다. 관광객은 주로 주말에 가족 단위로
찾아온다. 많을 때는 100명, 적어도 20명씩 된다.

_ 임대료는?

처음에는 연 470만 원, 지금은 거의 800만 원을 내고 있다. 3년마
다 갱신하는데, 공시지가가 자꾸 오른다.

_ 교육 프로그램은?

지금은 여유도, 인력도 없다.

♠ 법동초등학교

법동초등학교는 1945년 6월 5일 문을 열어 1999년 3월 거제초등학교의 법동분
교로 편입됐다가 그해 9월 1일 폐교와 함께 거제초등학교로 통합됐다. 폐교 당시
3학급 25명의 학생이 있었다. 재산은 부지 3368.0㎡, 건축 총면적 756.9㎡. 건물
은 본관, 창고, 화장실 등 3개 동이 남았다. 학구내 123가구 315명의 주민이 농어
업과 양식업에 종사한다(거제교육지원청 정보공개 자료).

전화 055-638-1862
위치 경남 거제시 거제면 거제남서로 4322(법동리 584-2)
대표 엄윤숙 · 윤영 자매
웹사이트 http://www.jidoo.co.kr/

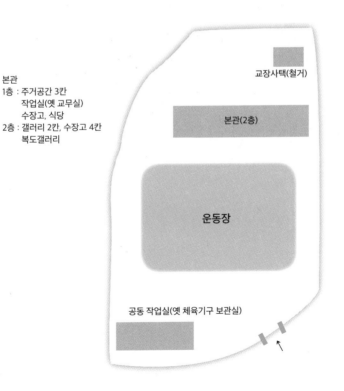

본관
1층 : 주거공간 3칸
    작업실(옛 교무실)
    수장고, 식당
2층 : 갤러리 2칸, 수장고 4칸
    복도갤러리

교장사택(철거)

본관(2층)

운동장

공동 작업실(옛 체육기구 보관실)

폐교, 문화로 열리다

PART
04

얘들아 다시 오렴
폐교로 만든 박물관

♠ 정선 아라리인형의집
♠ 부산 록봉민속교육박물관
♠ 밀양 미리벌민속박물관
♠ 해남 땅끝해양자연사박물관
♠ 남해 남해국제탈공연예술촌

아라리인형의집

아라리인형의집 안정의 대표가 북평초등학교 나전분교에 처음 들어온 것은 1998년이었다. 당시만 해도 폐교 관리권이 정선군교육지원청에 있어서 시설 개조가 불가능했다. 이 때문에 폐교를 인형극 공연장으로만 사용할 수밖에 없었다. 그러다 2002년 폐교 시설에 대한 관리권이 정선군으로 넘어가면서 전면 개조 작업을 거쳐 박물관을 겸한 공연장으로 거듭났다.

2014년 8월 28일, 아라리인형의집을 찾았을 때 가장 먼저 눈길을 끈 것은 붉은 바탕색의 커다란 '아라리인형의집' 입간판이었다. 너무 크고 투박해 한적한 시골마을에 어울리지 않다는 느낌마저 들었다. 하지만 취재를 끝내고 나올 무렵에는 그 이질적인 간판이 오히려 인형의집이라는 묘한 정체성을 은근히 잘 드러냈다. 감정 변화가 참 묘했다.

인형박물관은 운동장을 가로질러 반대편에 위치했다. 일자형 단층 건물이었는데, 폐교 전까지 본관 건물로 사용된 듯했다. 지붕은 새로 올렸다. 빗물이 새, 그대로 둘 수 없었다고 안 대표는 설명했다. 외벽 형태에 따라 계단처럼 높이를 달리한 6단의 붉은 기와가 시선을 끌었다. 전시실은 외벽 창을 모두 막고 중간 벽을 터서 하나의 공간으로 조성했고, 대신 복도는 그대로 살려 복도 갤러리로 만들었다. 전시품은 모두 2천여 점으로, 국내외 인형(300여 점)과 세계 인형극

제 포스터, 각종 기념품 등이었다. 그중 꼭두극단 '각시탈'이 1980년
대 사용한 '머루'와 '다래'라는 물체인형 남매, 일본의 하치오지 구루
마 인형, 나무로 된 호주의 그림자 인형, 헝가리와 인도네시아의 막
대 인형, 영국과 독일의 줄 인형 등이 관람객의 많은 인기를 얻고 있
다고 안 대표가 설명했다.

　운동장 왼쪽에는 그가 전국 순회공연을 한창 다닐 때 사용한 서울
인형극회의 이동 인형극장('꿈나무극장') 버스가 서 있었다. 아이들이
좋아하는 하늘색 바탕색에 기린과 거북이 그림이 예쁘게 그려졌는
데, 지금이라도 시동을 건다면 움직일 수 있을 정도로 상태가 깨끗했
다. 매년 여름 인형극 마니아들을 정선군으로 불러들인 인형극 무대
는 운동장 오른쪽에 있었다. 규모는 크지 않지만 한여름 밤 술한 공
연을 통해 많은 사람들에게 새로운 추억을 선사했을 것 같은 분위기
가 좋았다. 무대 위에는 지난여름 열린 정선인형극제 현수막이 걸려
있었다.

인형극장 버스(왼쪽)와 야외 극장

박물관 방문객이 없을 때 그가 혼자서 작업하는 인형제작실은 무대 앞쪽 반지하 공간에 자리하고 있었다. 바깥에서 보는 것과 달리 제작실은 생각보다 훨씬 더 넓었다. 하지만 손님이 앉을 자리가 거의 없었다. 그도 겨우 자리를 차지할 정도로 사방은 온갖 작업 도구와 인형, 탈 등으로 가득했다. 심지어 사방 벽조차 천장까지 선반을 만들어 그 위에 각종 물건을 담아두었다. 천장에도 그가 제작한 처용탈이 오색으로 걸려 있었다. 인형제작실 뒤편의 벽돌 가옥은 그와 아내, 딸이 함께 사는 살림집이라고 했다. 그 앞의 은행나무가 푸르렀다. 폐교 이전부터 아이들과 함께 성장한 나무 같았다.

💬 인터뷰 - 안정의

아라리인형의집을 찾았을 때 안정의(75) 대표는 인형제작실에서 라디오를 틀어놓고 혼자서 작업 중이었다. 붉은 헌팅캡에 하얀 티셔츠 차림의 그는 나이보다 훨씬 더 젊어 보였다. 그는 인터뷰 도중 말이 끊어질 때마다 담배를 꺼내 물었다. 헤비 스모커였다. 그럼에도 눈빛은 그가 평생을 함께해온 인형들처럼 맑았다.

_ 정선에는 어떻게?

1989년부터 정부 지원을 받아 전국 순회공연을 다녔다. 정선도 잠시 들렀는데, 정선문화원장이 폐교를 알려주었다. 그렇지 않아도 서울 집에 둔 인형을 보관할 장소를 찾고 있었다.

그는 서울에서 60년을 살았다고 했다. 이곳은 1998년 처음 임대했다. 그러나 폐교 시설이 다 그렇지만 사람이 살 상황이 못 됐다고 했다. 결국 2년 동안 서울과 정선을 오가며 보수 작업을 벌였다. 정착은 2000년부터였는데, 그해 환갑이었다고 했다.

_ 어떤 활동을?

매년 정선군민제와 정선아리랑제에 인형극으로 참여하고 있다. 지역 초등학교를 찾아 인형극 교실도 연다. 전국 대학 인형극 동아리와 연계해 방학 워크숍을 갖고 있으며, 매년 7~8월에는 자체적으로 마련한 정선인형극제를 개최하고 있다.

그는 2014년 4~7월 초등 1, 2학년 학생들을 대상으로 신동읍 위스타트 정선마을운영센터에서 10주간 무료 인형극 교실을 열었다. 또 초등 4~6학년 학생들을 상대로 36주 동안 인형극을 무료로 가르치는 꿈다락 토요문화학교도 주관했다.

_ 체험 프로그램은?

스티로폼 볼을 이용한 막대인형, 나물로 된 오리 줄 인형, 장갑인형 등 만들기 프로그램이 있다. 상설공연은 없지만 단체 손님이 오면 예약을 받아 기획공연을 올리기도 한다.

_ 폐교 재활용에 대해?

외형이 아니라 내용이 문제다. 폐교든, 폐공간이든 누가 어떻게 활용하는가가 중요하다. 미술이나 문학은 갤러리나 출판사를 통해 관객과 독자를 만나기 때문에 2차 예술이다. 이들은 최소한의 공간만 있어도 작업할 수 있다. 그러나 무대 공연 예술가들은 관객을 맞을 큰 공간이 필요하다. 그런 점에서 1차 예술인 무대공연 예술가들이 폐교에 관심을 많이 가졌으면 좋겠다.

_ 인형극은?

1962년 미술대학을 다니면서 아르바이트로 KBS 방송인형극 제작에 참여했다. 그것이 평생의 업이 됐다. 당시 예술계에는 모빌아트가 유행했는데, 개인적으로 인형극을 모빌아트의 하나로 받아들였다. 실제로 인형에게 생명을 불어넣는 일은 즐거웠다.

그는 국내 인형극 1세대가 4명 정도 된다고 말했다. 그러나 지금까지 현역으로 활동하는 사람은 자신뿐이라고 했다.

_ 방송인형극은?

방송인형극은 1960년대부터 1980년대까지 어린이에게 큰 인기를 끌었다. 당시 방송인형을 제작할 수 있는 단체는 서울인형극회, 한국인형극회, 현대인형극회, TBC인형극단 4개가 있었다. 지금은 서울과 현대만 남았다. 현대는 지금도 방송인형극을 계속하고 있다. 서울인형극회는 1964년 설립됐으나 도중에 무대인형극으로 전환했다.

　　그는 이후 장기 공연 전문 극단인 '공간사랑'을 설립했다. 한 프로그램으로 한 달 이상 공연하는 단체였다. 그때 인형극을 올린 극장이 '파랑새'다. 어린이대공원 인근의 '꿈나무인형극장'은 19년 동안 가동했는데, 엄밀히 말하면 우리나라 최초의 인형극 전문극장이라고 그는 주장했다.

_ **특별한 경험이 있다면?**

　　1980년(당시 41세) 미국 워싱턴에서 열린 국제인형극연맹(UNIMA) 대회에 참가했다. 외국 인형극제 참가는 그때가 처음이었다. 그런데 70~80대 어르신들이 현역으로 대거 참가한 것을 보고 크게 놀랐다(인형극은 전 세계적으로 1950~1970년대가 전성기라고 한다. 이후 애니메이션에 밀려 점점 소멸 위기에 처했다). 이후 일본, 헝가리, 슬로베니아 인형극제에도 참가했다. 슬로베니아는 1991년 전쟁 시에도 국제인형극제를 열었다.

_ **현대인형극과 전통인형극은 어떻게 다른가?**

　　현대인형극은 서구에서 건너온 것이고, 전통인형극은 남사당패에서 유래했다. 나도 남사당패에서 인형극을 배웠다. 남사당패 인형극인 전통인형극은 성인용인 반면에 현대인형극은 어린이를 대상으로 하는 것도 다른 점이다. 현대인형극은 일제강점기 때 우리나라에 들어온 것으로 안다. 당시 어린이 교육용, 포교용, 연극에서 파생된 예술 장르의 하나로 국내에 각각 자리 잡았다. 그러나 광복 이후 살아남은 것은 포교용 인형극뿐이었다. 이것이 TV시대를 맞아 TV 인형극을 제작하는 동력이 됐다. 당시 전통인형극은 없어진 상태였다. 유럽도 그렇지만 인형극은 하층민의 놀이였다. 인형극을 마리오네트, 퍼핏, 주디판치, 게요르, 꼭두 등으로 나누는데, 사실은 다 똑같다. 용어만 다를 뿐이다.

그는 이쯤에서 인형극에 대해 이론 정립이 필요하다고 여러 차례 주장했다. 그래서 인형극을 공부하거나 연구하고 싶다고 찾아오면 그는 모든 얘기를 다 털어놓는다고 했다. 그는 이날도 3시간 이상 귀한 시간을 할애했다.

_ **인형극이 왜 좋은가?**
올림픽처럼 4년마다 열리는 UNIMA(국제인형극연맹)대회가 있다. 유니마는 냉전시대에도 열렸다. 그만큼 이데올로기에서 자유롭다는 것이 좋다.

그는 자신을 인형극 예술가로 부르는 데 거부감을 갖는다고 했다. 그냥 '인형극 운동가'로 불러달라고 했다. 왜일까? "예술가는 특화될 필요가 있어요. 예를 들면 줄 인형, 선 인형, 그림자극 등으로 말이죠. 하지만 나는 1세대 인형극을 하다 보니 이것저것을 다 할 수밖에 없었어요. 하나를 특별히 더 잘하는 예술가가 아니라 두루 섭렵해 기반을 깔아놓은 것이죠. 그래서 운동가라고 불러달라는 겁니다."

♠ 북평초등학교 나전분교

북평초등학교 나전분교는 1965년 8월 19일 개교해 1998년 3월 1일 문을 닫았다.
졸업생은 488명. 폐교 당시 재산은 토지 3,989㎡, 건물 총면적 247㎡였다(정선교
육지원청 정보공개 자료).

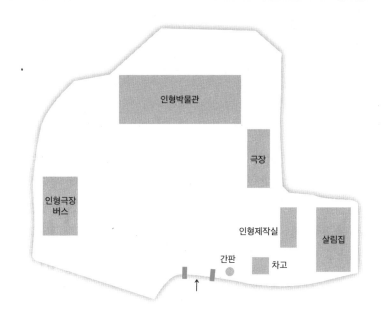

전화 033-563-9667
위치 정선군 북평면 명주내길 43-1(나전1리 148-4)
대표 안정의
관람시간 10:00~18:00(동절기 ~17:00),
월요일 휴관. 입장료 1,000원(실제로는
모금함 자율 기부)
웹사이트 http://www.arari.net/

인형박물관

극장

인형극장
버스

인형제작실

살림집

간판

차고

록봉민속교육박물관

새까만 교모와 교복, 국정 교과서, 등사기…. 지금은 사라진 1980년대 이전의 학교 모습이 '추억의 학교관'에 고스란히 담겼다. 중장년층에게는 추억의 아이콘이 되고, 어린이와 청소년에게는 부모의 어린 시절을 상상하는 타임머신이 될 수 있겠다는 생각이 들었다. '추억의 학교관' 옆 교실에는 이런 물건이 아직 남아 있나 싶을 정도의 각종 아날로그 전화기와 사진기, 전자제품이 가득했다. '신기한 전자관'이라는 명패가 붙었다.

록봉민속교육박물관은 6개의 교실과 도서관, 강당, 유치원이 있던 본관 건물을 전시관으로 활용하고 있다. 중앙홀을 중심으로 운동장에서 마주 보았을 때 제일 왼쪽이 '추억의 학교관'이고 그 옆 교실이 '신기한 전자관', '재미난 민속관' 순이다. 또 중앙홀 오른쪽 교실은 문화체험관, 예술체험관, 놀이관(옛 유치원), 사무실(옛 도서관), 전통요리체험관(옛 강당) 순으로 배치돼 있다. 그중 문화체험관은 조선시대 서민의 삶을 보여주는 물건들로 가득했다. 실내 화장실을 겸한 요강, 겨울밤을 따뜻하게 해준 화로, 초기 냉장고라고 볼 수 있는 일제강점기의 식품저장고도 눈길을 끌었다.

놀이관은 바둑, 장기, 구슬치기, 뽑기 등 중장년층의 어린 시절 놀이로 채워졌다. 그냥 보는 데 그치지 않고 누구나 직접 해볼 수 있는 체험 위주로 만들어 인기가 높다고 염춘자 관장이 말했다. 두레박으

염춘자 관장

로 우물에서 물을 길을 수 있는 전통체험관과 옛 먹거리를 직접 조리
할 수 있는 전통요리체험관도 아이들이 오랫동안 머무르는 공간이다.

　록봉민속교육박물관은 부산에서 가장 큰 섬인 가덕도의 천성항
어귀에 자리 잡고 있다. 물론 지금은 가덕대교와 눌차대교 덕택에 육
지의 일부분이 됐지만, 어촌 풍경 덕택에 여전히 섬의 정취가 느껴진
다. 부산에서 출발하면 녹산국가산업단지와 가덕대교, 눌차대교, 가
덕터널을 차례대로 지나 천성나들목에서 천성항으로 들어갈 수 있
다. 옛 천가초등학교 천성분교가 있던 곳이다.

　록봉민속교육박물관은 염춘자(73) · 손혁(44) 모자가 2011년 11월
26일 개관했다. 소장품은 6천여 점에 이르나 그중 3분의 1이 순차적
으로 전시되고 있다. 해방 이후의 민속자료가 가장 많지만 조선시대
나 일제강점기 생활용품도 적지 않다. 이들 소장품은 2003년 심근경
색으로 세상을 떠난 염 씨의 남편인 록봉 고(故) 손진옥 선생이 평생

모은 것이다. 록봉은 부산에서 유치원 두 곳을 운영하던 교육자였다. 그는 도시화된 아이들에게 선조들의 옛 삶을 보여주고 싶은 생각에 민속자료를 하나둘 모으던 도중 중요한 민속자료가 마구 버려지고 있다는 아쉬움에 1990년대부터 전국 폐교를 전전하며 대량 수집에 나섰다고 염 씨는 전했다. 그러니 록봉민속교육박물관은 고인의 뜻을 받들고 그를 기리는 기념관 같은 곳이기도 하다.

💬 인터뷰 - 염춘자

_ 폐교 당시 상황은?

천가초등학교 천성분교는 2011년 2월 28일 폐교됐다. 그해 6월 5일 계약하고 들어왔는데, 폐허나 다름없었다. 폐교 관리가 거의 되지 않아서 쓰레기 천지였다. 록봉민속교육박물관 개관은 그해 11월 26일이었다.

_ 임대료는?

임대료와 관련해 할 말이 많다. 처음에 3년 계약을 했는데, 공시지가가 올랐다며 이후 매년 임대료를 올렸다. 부가가치세를 포함해 첫해 5천여만 원, 이듬해 6천여만 원, 2013년에는 7천여만 원을 지불했다. 3년 계약이 끝난 뒤 재계약은 아예 1년을 요구받았다. 2015년 6월이면 계약 기간이 끝난다. 이제 겨우 조금 알려져 사람들이 찾는데, 계약이 되지 않으면 어떻게 해야할지 갑갑하다. 1년짜리 계약으로 박물관을 유지할 수 있겠나.

_ 박물관 등록은?

2012년 6월 등록했다. 덕분에 사립박물관미술관협회로부터 학예사와 교육사 인건비를 지원받고 있다.

_ 자원봉사자는?

말이 자원봉사일 뿐 시내에서 멀어 차비는 물론이고 일당도 챙겨줘야 한다. 통상 8명의 자원봉사자를 쓰는데, 그때마다 40만~60만 원이 지출되니 부담스럽다.

_ 연간 관람객은?

4년차인 2014년에는 1만 명을 넘어섰다. 문제는 상당수 관람객이 프로그램 참여자라서 실질적인 수입이 되지 않는다는 것이다.

_ 폐교 운영의 장단점은?

공간이나 장소는 좋다. 박물관 앞쪽으로 바다와 갯벌이 있어 아이들 체험교육 장소로도 훌륭하다. 문제는 역시 임대료다. 비싸도 너무 비싸서 입장료 5천 원으로 이를 보전하기가 힘들다.

_ 주민 관계는?

가덕도에 폐교가 여럿 있는데, 대부분은 관리 부실로 우범지대가 됐다. 이곳은 오히려 사람들이 많이 찾고, 그 덕택에 장사도 잘 되니 주민들이 좋아할 수밖에 없다.

_ 교육청 지원은?

안타깝게도 거의 없다. 지붕에 빗물이 새, 수차례 보수를 요청했는데, 2013년 2천만 원을 들여 옥상 일부에 방수작업을 해준 게 전부다.

♠ 천가초등학교 천성분교

천가초등학교 천성분교는 2011년 3월 1일 문을 닫았다. 대지는 10,078㎡, 건물 총 면적은 905㎡다. 공시지가는 2013년 4월 기준으로 26억 3천689만 원(건물 3억 6천900만 원)이다(교육부 정보공개 자료).

전화 051-892-5997
위치 부산 강서구 가덕해안로 741(천성동 813)
관람시간 10:00~18:00, 입장료 5,000원(체험비 별도)
웹사이트 http://www.rogbong.com/

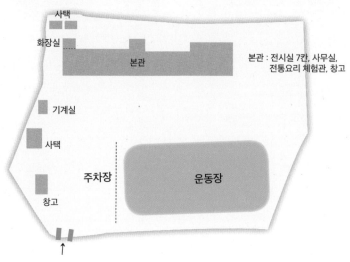

밀양

미리벌민속박물관

범평초

"똑같이 옷을 넣는 것인데, 왜 하나는 농이라고 하고, 다른 하나는 장이라고 할까요?" 미리벌민속박물관 성재정 관장은 관람객들의 표정을 살폈다. 그리고 이층 장롱의 한 모퉁이를 들어 올려 둘로 나눴다. "이처럼 떨어지면 농이고, 떨어지지 않으면 장입니다." 관람객들은 "아하!" 하고 고개를 끄덕였다.

미리벌민속박물관은 폐교(범평초등학교)를 개조해 1998년 문을 열었다. 전시품은 성 관장이 30여 년 동안 전국을 돌아다니며 수집한 옛 가구와 장신구, 서화 3천여 점이었다. 그중 양반가 평상들은 국립민속박물관조차 갖지 못한, 귀한 유물이라고 그는 자랑했다. 표암 강세황의 행서 팔곡병은 경남도 유형문화재다.

미리벌민속박물관은 본관(2층)과 별관으로 구성됐다. 본관은 중앙 홀을 중심으로 오른쪽에 1, 2, 3전시실을, 왼쪽에 사무실, 4, 5전시실, 그리고 복도를 활용한 복도전시실을 배치했다. 2층은 수장고다. 본관 뒤편에 있는 별관은 '체험교실'로 전통 체험을 위한 교육장 역할을 하고 있다.

본관 제1전시실의 주제는 사랑방 가구다. 사랑방은 한 집안의 가장이 거처하는 공산이자 손님을 맞이하는 방이었다. 따라서 소박하고 안정된 분위기를 연출하는 것이 중요했다고 성 관장은 말했다. 이 때문에 간결하고 단순한 선과 면을 살린 가구가 많았다. 사랑방 평

상도 화려하지 않았다. 평상 난간에는 구름 모양이 새겨졌는데, 구름 위에 산다는 신선을 흠모한, 옛 사람들의 풍류적 디자인이었다. 제2전시실은 여성들이 주로 거처한 안방 분위기가 잔뜩 묻어났다. 사랑방과 달리 아담하고 따뜻한 느낌의 가구가 많았다. 장식도 나전이나 화각처럼 화려한 것을 사용했다. 장과 농, 함, 좌경(거울), 빗접(빗, 뒤꽂이, 동곳 등을 보관하는 가구) 등도 그런 용도를 넌지시 알렸다.

제3전시실은 부엌가구에 초점을 맞췄다. 찬장, 찬탁이 주요 전시품으로, 유기나 자기 등 무거운 그릇을 겹겹이 올려놓아야 하기 때문에 얼핏 보기에도 튼튼했다. 통풍과 해충 방지를 중시한 뒤주, 옛 식사 풍습인 독상 문화를 짐작할 수 있는 소반 등 그 종류도 다양했다. 소반은 손에 들고 다니기 쉬워야 해서 가벼운 재질의 은행나무가 많이 사용됐다고 한다. 소품 위주의 제4전시실은 등잔, 화로, 재떨이 등 남성의 소품과 비녀, 거울, 다리미, 맷돌 등 여성 소품이 함께 진열돼 있었다. 제5전시실은 사회 교과 과정에 나오는 민속품을 따로 모아두었다. 복도에는 탈곡기와 멍석, 매통(벼 껍질을 벗기는 데 사용한 농기구) 등 농사와 관련된 기구가 즐비했다. 본관 입구에는 어른 키보다 더 큰 벽수(장승) 두 기가 서 있었고, 교문 근처 운동장에는 긴 철로가 놓였다. 철로는 체험용으로 폐철로의 일부분을 떼어와 설치했다고 한다.

💬 인터뷰 - 성재정·윤석 부자

  미리벌민속박물관 성재정(71) 관장은 어릴 때부터 유난히 전통문화에 관심이 많았다. 컬렉터로 나선 것도 26세 때였다. 경남 진주 대곡이 고향인데, 당시 큰집이 부자여서 귀한 옛 물건을 일찍부터 접했다고 그는 말했다. 그러나 다른 컬렉터들과 달리 도자기보다 옛 가구에 관심을 가졌다. 옛 가구는 당시만 해도 덩치가 커서 수집하기에 좋은 대상이 아니었다. 그는 "도자기가 돈이 되지만 다들 하는 수집품이라 굳이 따라하고 싶지 않았다"고 답했다. 그는 인터뷰 도중 슬쩍 자리에서 일어나 답변 기회를 큰아들인 윤석 씨에게 주었다.

_ 개관은?

범평초등학교가 1998년 문을 닫고, 그해 곧바로 들어왔다. 밀양시 교육지원청과 3년씩 끊어 재계약하는 방식으로 기간을 연장하며 사용했는데, 2006년 6월 밀양시가 이를 구입한 뒤부터 무상으로 사용하고 있다.

_ 수집은?

1970년대만 해도 전통은 지킬 대상이 아니라 버려야 할 인습 같은 것이었다. 옛 가구도 마찬가지였다. 덕분에 조금만 관심을 가지면 쉽게 구할 수 있었다. 그때만 해도 이렇다 할 박물관이 없어 후손에게 부끄럽지 않은 민속박물관을 짓고 싶은 욕망이 컸다. 지금의 박물관은 그때의 다짐에 대한 결실이다.

_ 옛 가구는 보관하기가 어려웠을 텐데?

우리 집은 일찍부터 밥 먹을 공간조차 없을 정도로 온갖 옛 가구로 가득 찼다. 그래서 아파트 지하실, 친척집, 친구 집, 공터 등에 가구들을 분산해서 보관했다. 한번은 친척집에 보관된 유물을 통째로 도둑맞았다가 얼마 뒤 하나가 돌아왔다. 반닫이였는데 워낙 귀한 물건이라 장물로 잡힐 우려가 있었던 것이다.

_ 중요한 유물은?

평상 3점을 들 수 있다. 별것 아닌 것 같지만, 국립민속박물관도 갖고 있지 않다. 반닫이도 귀한 물건이다. 반닫이라고 하면 으레 강화 반닫이를 치는데, 우리는 진주 반닫이를 가지고 있다. 표암 강세황 선생의 병풍(행서 팔곡병)은 등록 문화재다. 표암은 평소 병풍에 글을 쓰면 그림이 죽는다고 해서 함께 담지 않았다. 그런 그가 진주에 잠시 내려와 있을 당시, 제사 때 사용하라며 만들어주었다고 한다. 이를 구입했던 가격의 1980년대 시세가 아파트 한 채에 달했다.

_ 유물은 얼마나?

4천 점가량 된다. 그중 1천200여 점이 등록됐다. 옛 가구, 장롱, 평상, 문갑 등의 민속품과 서지류로 나뉜다.

_ 예산과 수익은?

티켓으로는 인건비도 감당하기 어렵다. 관람객도 줄었다. 2014년에는 세월호 참사로 더 감소했다. 개관 초기에는 연 1만 명을 넘었는데, 요즘은 3천~4천 명에 그친다. 보고 즐기는 이벤트성 박물관 때문에 우리처럼 전시성 박물관은 인기가 더 떨어지는 것 같다.

_ 직원은?

관장, 학예사, 교육사, 도슨트 4명이 전부다. 관장을 제외한 3명은 임금의 일부를 지원받고 있다. 청소, 주변 정리 등은 밀양시 공공근로 지원을 받는다. 자원봉사 프로그램은 아직 없다.

_ **박물관 등록은?**

2종으로 시작해 2010년 1종 박물관으로 승격됐다.

_ **교육 프로그램은?**

수익형(유료)과 환원형(무료)으로 나뉜다. 한국박물관협회의 지원 사업을 따내 2014년 밀양지역 초등학생 1천500명을 대상으로 교육 프로그램을 가졌다.

성재정 관장은 삼성출판사에서 평생 일했다. 그때 김종규 삼성출판박물관장(한국박물관협회 명예회장)의 영향을 많이 받았다. 성 관장은 민속품 감정가로도 활동하고 있다.

_ **무엇이 더 필요한가?**

규제 철폐가 가장 중요하다. 개조 작업이 더 자유롭게 이뤄져야 한다. 교육청 소유의 폐교라면 한계가 더 많다.

_ **주민 관계는?**

지금은 괜찮지만 갈등이 심할 때도 있었다.

♠ **범평초등학교**

범평초등학교는 1965년 12월 7일 개교해 1998년 3월 1일 문을 닫았다. 폐교 당시 3학급 34명이 남았고, 재산은 토지 17,017㎡, 건물 1,436.69㎡였다. 건물은 교사동, 창고, 화장실, 사택이 있었다. 폐교 직후 미리벌민속박물관이 임대했으나 2006년 6월 밀양시가 이를 매입해 무상으로 빌려주고 있다(밀양교육지원청 정보공개 자료).

전화 055-391-2882
위치 경남 밀양시 초동면 초동중앙로 439(범평리 406)
관장 성재정
관람시간 09:00~19:00(동절기 09:30~19:00), 입장료 4,000원(체험비 별도)
웹사이트 http://www.miribeol.org/

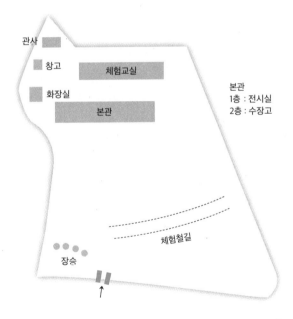

땅끝해양자연사박물관

땅끝해양자연사박물관은 2002년 12월 27일 폐교를 개조해 개관했다. 자연사박물관은 국공립을 다 포함해도 전국에 몇 곳 되지 않는다는 점에서 설립 의미가 크다. 폐교는 2천500평 규모인데, 지금은 주변 부지를 더 사들여 전체 부지가 5천 평을 웃돈다고 땅끝해양자연사박물관 임양수 관장이 말했다.

소장 중인 해양유물은 15만여 점에 이른다. 그중 2천800종 5만여 점을 순차적으로 상설 전시하고 있다. 전시품 중 가장 인기 있는 것은 길이 7.5m의 고래상어와 5m의 백상아리 박제다. 이들 소장품은 그가 원양어선 선장을 하면서 틈틈이 수집한 것이라고 한다. 수집품은 수년 전 감정했을 때 43억 원의 자산가치로 평가받았다. 지금 시가로는 100억~150억 원에 달한다고 그는 주장했다.

박물관은 바닷속 생명의 탄생에서 육지 생명체까지 생명의 진화 순서를 스토리텔링 방식으로 구성했다. 지구의 탄생 비밀을 알 수 있는 스트로마톨라이트(층 모양 줄무늬 암석)는 물론이고 고생대, 중생대, 신생대의 대표 화석도 전시되고 있다. 화석류관에는 삼엽충 화석과 대형 암모나이트 화석, 공룡알 화석 등이 있고, 대형어패류관에는 대형 가오리, 개복치 등이 있다. 산호관에서는 청산호, 홍산호, 문어산호, 벌집산호 등을 볼 수 있고, 세계패류관에는 조개와 고둥, 바닷속을 재현해놓은 해양생태디오라마도 있다. 쥐가오리, 큰입돗돔, 돗

새치 등도 볼만하다. 땅끝해양자연사박물관에는 바다생물뿐 아니라 육지생물도 전시되고 있다. 육지생물이 바다에서 나왔다는 사실을 알리기 위해서다. 특히 곤충은 유충 때 물속에서 자라고, 성충이 된 뒤 하늘을 난다고 임 관장은 말했다. 곤충관에는 위장술에 능한 나뭇잎나비, 대나무벌레 등이 있다.

전시는 상설과 특별전시로 나뉜다. 특별전시는 다른 지역 기관과 연계한 기획전으로, 2014완도국제해조류박람회에 전시된 해양생물 특별전이 대표적이다. 다문화가정이나 지역아동센터 어린이, 노인 등을 대상으로 무료관람도 종종 실시하고 있다. 상설 프로그램으로는 '캐치 캐치 동불 몸에서 발견하는 과학과 예술', '고둥과 조개로 꾸미는 동물나라', '극피동물의 탐험' 등이 있었다. 2014년에는 교육자료 사업(교보재 사업)을 통해 『SOS 멸종위기 동물백서』 3종을 내놓아 인근 학생들에게 보급했다.

🌊 인터뷰 - 임양수

"바다는 지구상 모든 생명체의 근원입니다. 바다에서 모든 생명체가 만들어졌지요." 땅끝해양자연사박물관 임양수(58) 관장이 말했다. 그는 '바다 사나이'였다. 고향도 전남 완도다. 대학을 졸업한 직후 13년 동안 원양어선을 탔다. 그때 세계 각지를 돌며 해양생물을 수집했다. 그 수집벽이 지금도 이어지고 있다. 그는 수집품에 대해 애착이 컸다. 하지만 인터뷰 도중에 한숨을 쉬었다. 스스로 벌인 일이지만 운영이 너무 힘들다고 토로했다. 특히 폐교 박물관은 난관의 연속이라고 그는 하소연했다.

_ 해남의 폐교를 선택한 이유는?

2000년대 초 소장 중인 해양생물로 광주에서 수산전시회를 하고 있었다. 그때 해남군이 자연사박물관을 유치하고 싶다고 했다. 그런

데 승낙 후 일이 뒤틀렸다. 당시 해남군은 자연사박물관 외에도 공룡박물관 건립을 기획했는데, 둘 중 하나만 예산을 지원받을 수 있게 된 것이다. 해남군은 공룡박물관을 선택했고, 우리는 대안으로 폐교(송호초등학교 통호분교)를 빌렸다. 연 450만 원을 10년 동안 내다 2013년 이를 구매했다. 소장품이 너무 많아 다른 곳으로 옮길 수 없는 처지였기 때문이다. 이곳에 있는 나무 한 그루, 꽃 한 송이를 직접 심고 키웠다.

_ 폐교는?

유치원이 함께 있는, 교실 8칸의 일자형 단층 건물이었다. 박물관으로 사용하기 위해 일부러 각 교실 칸막이를 없앴다.

그는 수장고를 보여주었다. 그러나 정리가 되지 않아 거의 창고 수준이었다. 일부는 포장조차 뜯지 않았다. 관리할 인력도, 공간도 부족한 상태였다.

_ 폐교 문화공간에 대해?

자연사박물관으로 폐교 시설은 적합하지 않다. 천장이 낮고 관람 동선을 구성하기도 어렵다. 특히 통호분교는 바닥 콘크리트 사이로

물이 새어나와 습기를 막는 데 애를 먹었다. 보수비도 많이 들었다. 다만, 개관 초기에 목돈을 들이지 않은 것은 장점이다. 학교 건물이라 골조가 튼튼했다.

_ 인력은?

학예사 5명을 두고 있다. 박물관 관리 전공자 혹은 교육학 석사 이상의 학력자다. 임금은 절반 정도가 정부의 프로그램 지원비에서 나온다.

_ 자원봉사자는?

아직 없다.

땅끝해양자연사박물관은 '생태문화학교'를 포함해 연간 6~7개의 교육 프로그램을 운영하고 있다. 2014년 7월 '토요 꿈다락 문화학교'의 박물관 우수사례를 발표했고, 2013년에는 환경부 인증 교육프로그램에 'Run! Run! 해양생태 SOS:위기의 상어'가 선정됐다. 2012

년에는 한국박물관협회의 프로그램 콘테스트에서 우수상을 받았다. '박물관, 길 위의 인문학'도 초·중·고등학생을 상대로 매년 한두 차례 진행하고 있다.

_ 관람객은?

연간 4만 명 정도 된다. 손익분기점은 7만 명 정도로 보고 있다. 따라서 외부 강의와 박제 공임으로 수익을 맞추고 있다. 관람객은 해남군 사람들이 대부분이며, 아직 전국적으로 잘 알려지지 않아 가까운 광주에서도 많이 찾지 않는다.

_ 가장 소중히 여기는 전시품은?

전시관 끝에 있는 대왕고래뼈다. 총 길이가 27m에 달하지만 공간의 한계로 절반만 전시했다. 모두 전시하면 감동이 달라질 텐데 아쉽다.

전시된 해양생물은 거의 다 그가 직접 박제했다. 다른 박물관으로부터 용역을 받을 정도로 박제 기술이 탁월하다는 평을 받고 있단다.

_ 예산 지원은?

전라남도와 해남군으로부터 매년 운영비로 2천만 원을 지원받고 있다. 그러나 이는 겨울철 기름값에 불과하다.

♠ 송호초등학교 통호분교

2014년 7월 1일 현재 해남군교육지원청 내 폐교는 16곳에 이른다. 그중 가장 오래된 것이 1992년 3월 문을 닫은 현산초등학교 신안분교다. 땅끝해양자연사박물관이 된 송호초등학교 통호분교는 1952년 4월 17일 개교해 1998년 3월 1일 송호초등학교로 통폐합됐다. 폐교 당시 학생은 27명, 재산은 토지 8,160㎡에 교사, 숙직실, 사택(3곳), 화장실(2곳) 등이 있었다(해남군교육지원청 정보공개 자료).

전화 061-535-2110
위치 전남 해남군 송지면 중대동길 5-4(통호리 195-4)
관장 임양수
관람시간 09:00~18:00(2 · 4주 화요일 휴관), 입장료 3,000원
웹사이트 http://www.tmnhm.co.kr/

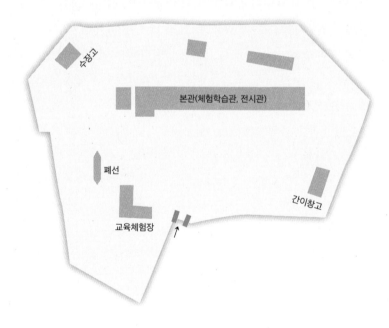

남해

남해국제탈공연예술촌

이동초
다초분교

남해국제탈공연예술촌은 2008년 5월 15일 개촌했다. 다초실험극장, 도서관, 국제탈전시실, 기획전시실, 탈 수장고, 촬영실, 휴게실 등의 시설이 들어서 있다. 그중 다초실험극장은 다목적 극장으로 평소에는 영화와 음악 감상실로 사용하고, 축제 때 공연장이 된다. 좌석 대신 방석을 바닥에 깔아놓은 것이 이채롭다. 공연예술전문도서관은 2만여 권의 공연 도서와 3천여 점의 DVD를 소장하고 있다. 이 도서관은 정부 산하의 한국문화예술위원회 예술정보관과 더불어 우리나라 공연예술자료의 양대 보고로 인정받고 있다. 이 때문에 공연 관련 연구자들이 즐겨 찾는다. 자료를 복사 혹은 복제할 수 있는 촬영실도 따로 두고 있다. 수장고에는 700여 점의 국제 탈과 2천여 점의 포스터, 4천여 점의 대본, 5만여 점의 사진자료, 그리고 무대미술과 인형, 전단, 팸플릿 등 25만여 점의 관련 자료가 있다고 김흥우(74) 촌장이 말했다.

탈 전시실은 세계 40여 개국의 탈을 전시하는 공간으로, 종이 혹은 나무, 거북이 등가죽, 쇠 등으로 만든 탈도 있다. 전시품 앞에는 당시 탈을 사용한 공연 사진이 걸려 있어 탈을 어떻게 사용했는지 짐작할 수 있다. 탈 역사, 가면극 종류와 분포, 탈춤 내용, 탈 제작법 등을 알고 싶다면 영상관을 찾으면 된다. 탐방객을 위한 '탈춤 따라하기'와 '탈 조각 맞추기', '탈 만들기' 코너도 있다. 전시기획실은 공연

예술자료를 전시하는 공간이다. 그동안 중국연극특별전, 서울주요 극단전, 무대미술전, 한국전통기물전, 티벳의 건축과 예술, 대학극 특별전, 한국의 뮤지컬전, 한국의 배우전 등을 주관했다. 이곳을 찾은 것은 2014년 여름이었는데, '한국 배우 100인전' 코너를 마련해 50명씩 사진을 나누어 전시하고 있었다.

　희귀단행본 코너에는 윤백남 희곡집 『운명』을 비롯해 30여 점의 저술과 희곡집이 눈길을 끌었다, 창간호 코너에는 1930년대 예술잡지 『막』과 『극예술』이 흥미로웠다. 한국연극 100년 중심 신협 코너에서는 그동안 공연된 거의 모든 작품의 팸플릿이 있었다. 이근삼, 박노홍, 박동화, 리보라, 김진수 등의 친필원고를 모아둔 친필유고 코너와 이광래, 이해랑, 지용환 등의 연출노트를 전시한 연출대본 코너도 시선을 모았다. 원각사 극장 사진, 김정환의 극장구조 실측

도면, 이해랑 이동극장 설계도면도 이곳이 아니면 볼 수 없는 전시
물이었다.

🗨 인터뷰 - 김흥우

_ 남해에는 어떻게?

전 세계를 유람하면서 모은 탈과 공
연자료를 처음에는 교수 생활을 한 동
국대에 기증하려고 했다. 그러나 학교
에 그만한 공간이 없다며 거절당했다.
그러다 2006년 우연히 한 잡지사 사
장을 통해 남해군수를 만났다. 군수는
즉석에서 박물관 설립을 돕겠다며 폐
교 공간을 제안했다.

_ 개조 비용은?

행자부 35억 원, 경남도 10억 원, 남해군 10억 원 등 총 55억 원이
투자된 것으로 안다.

_ 운영 인력은?

학예사, 문화해설사가 있다. 도서관 사서와 소극장의 조명, 음향
전문인력도 필요하다.

_ 행사와 프로그램은?

큰 것만 3개다. '남해섬공연예술제'가 그중 가장 큰 행사다. 첫해
는 12월에 했는데 너무 추워서 2회부터 매년 7월에 하고 있다. 남해
의 기후적 성격을 잘 살린 것 같다. 서울에 있는 제자들이 기획을 돕
고 있다. 재능 기부다. 남해군의 프로그램 지원 예산은 7천만~8천만

원에 불과하다. 어린이를 위한 5월의 '남해섬 어린이 공연예술제'와 지역주민을 위한 '송년공연예술제'도 큰 행사다. 이밖에 3월에 작품과 감독별 기획전을 하고, 11월에는 내가 가진 영화자료로 '중국영화제'를 연다. 영화배우나 감독이 오는 것은 아니지만 지역민의 참여율이 꽤 높다.

_ 방문객은?

남해섬공연예술제 때 하루 100명 이상이 찾아온다. 예술제가 40일 가량 되니 1천500명이 방문하는 셈이다. 평소에도 많은 사람들이 예술촌을 찾는다.

매년 5월 '남해섬어린이공연예술제'와 '개관기념행사'가 열리고, 7~8월에는 NIF남해섬공연예술제가 개최된다. 2010년에는 다초 8개 마을회관을 전시관으로 바꿨는데, 그중 금석마을회관 2층은 극단 '신협' 전시관으로, 회관 앞의 창고는 '원방각' 무대미술전시관으로 단장해 주목받았다. 김흥우 촌장은 앞으로 8개 마을 전체를 공연예술촌으로 꾸밀 계획도 갖고 있다고 말했다. 그는 또 어린이예술단, 부녀예술단, 실버예술단의 기획도 검토하고 있다.

_ 소장품?

평생 찍은 다큐멘터리가 400~500종 6천~7천 개에 이른다. 다른 다큐와 달리 아침부터 저녁까지 다 찍었다. 그밖에 10만 점의 사진, 7천~8천 종의 대본, 7만~8만 장의 전단, 4천~5천 장의 포스터, 2만여 권의 전문서적이 있다. 그중 1940년대 여성국극 대본은 국내 유일본이다. 150쪽 정도 되는데 워낙 희귀한 것이라 복사나 촬영도 금지하고 있다. 전단은 1920~1930년대 것도 있다. 포스터는 이보다 늦은 1950년대 이후 것이 대부분이다.

_ 탈은?

거의 다 외국 탈이다. 40여 개국 1천여 점에 달한다.

_ 수집 계기는?

고향이 서울 우이동인데, 어릴 때 최남선 시인이 이웃에 살았다. 6·25전쟁 때 그 집이 비어 있어 들어가 보니, 탈이 많았다. 그걸 갖고 놀면서 깨뜨려 부쉈다. 나중에 커서 생각해 보니 부끄럽더라. 몰라도 너무 몰랐다는 생각이 들고, 최남선처럼 책을 많이 읽고 싶다는 반성을 했다.

_ 에피소드는?

탈을 가져 나오다 해당국 세관에 붙잡힌 적이 있다. 중국에서는 송나라 인형극을 하던 배우를 만나 탈을 구입했는데, 그가 자신이 평생 모은 앨범을 건네 감동하기도 했다. 일본에서는 많은 양의 비디오를 한꺼번에 가져나오다 불법 비디오 업자로 오인당하여 조사를 받기도 했다. 그 이후 골목상점에서 구입한 것이라도 영수증을 꼭 챙긴다. 희귀 대본을 구하러 강원도에 살던 배우를 삼고초려한 적도 있다. 사연이 없는 소장품이 없다.

_ 정문에 붙은 탈은?

북청사자탈을 변형한 것이다. 아쉽지만 여기에는 없다. 그냥 잘 어울릴 것 같아서 디자인했다.

그는 촌장을 그만두고 세계여행을 떠나고 싶다고 했다. 그가 떠나면 부재를 느낄 사람이 많을 것이다. 그 덕분에 남해 사람들도 영화와 연극을 수시로 볼 수 있게 되었고 박물관도 가질 수 있었다. 그는 평생 연극계에 있었다. 표현주의와 초현실주의 희곡으로 대중과 만났고, 200여 편의 연극작품 기획과 제작에도 참여했다. 대학교수 생활 40여 년도 이와 무관하지 않았다. 후학들이 그를 두고 '한국영화와 연극계의 산증인'이라고 부르는 데는 그만한 이유가 있다.

♠ 이동초등학교 다초분교

이동초등학교 다초분교는 1938년 4월 10일 문을 열어 65년 만인 2003년 3월 31일 폐교됐다. 폐교 당시 3학급 31명의 학생이 남았고, 재산은 대지 13,001㎡, 건축 총면적 1,569.53㎡가 있었다. 폐교는 2005년 12월 12일 남해군이 매입해 2008년 5월 남해국제탈공연예술촌으로 개촌했다.

전화 055-864-7625
위치 경남 남해군 이동면 초음리 1418
촌장 김흥우
관람시간 09:00~18:00(동절기 ~17:00), 입장료 2,000원(체험비 별도)
웹사이트 http://www.namhaemask.com

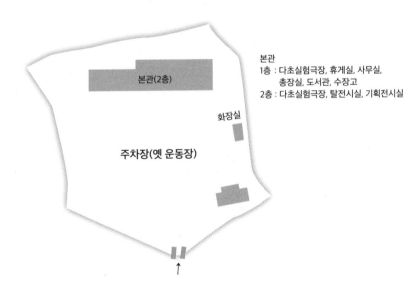

본관
1층 : 다초실험극장, 휴게실, 사무실,
　　　총장실, 도서관, 수장고
2층 : 다초실험극장, 탈전시실, 기획전시실

본관(2층)

화장실

주차장(옛 운동장)

주민 삶 속으로 들어간
문화기획자들

♠ 평창 감자꽃스튜디오의 이선철
♠ 청주 653예술상회의 이종현
♠ 원주 후용공연예술센터 노뜰의 원영오
♠ 창원 구복예술촌의 윤환수

감자꽃스튜디오의 이선철

평창초
노산분교

폐교 문화공간은 대부분 정체성이 뚜렷하다. 운영자가 연극인이면 극장이나 연습실로 활용하고, 시각예술인이라면 작업실이나 갤러리로 사용한다. 또 컬렉터라면 으레 박물관을 표방하며 특정 주제의 소장품을 전시하는 공간으로 쓴다. 그러니 폐교 운영자도 대부분 연극인이거나, 화가, 조각가, 수집가다. 그런 점에서 감자꽃스튜디오는 특별했다. 운영자인 이선철 감자꽃스튜디오 대표는 음악인도, 미술인도, 연극인도 아니다. 그는 서울에서 오랫동안 활동한 문화기획자다.

사람마다 삶이 다르듯 사는 공간도 그런 직업의 속성을 닮는 모양이다. 감자꽃스튜디오는 극장도, 갤러리도, 박물관도 표방하지 않지만, 때로는 극장이고, 때로는 갤러리이고, 또 가끔은 박물관이나 마을 홍보관이 된다.

이선철 대표는 이 같은 시선에 대해 "예술과 자연, 그리고 마을이라는 핵심 가치와 함께 문화를 통한 지역발전의 비전을 추구하는 공간"으로 정의했다. 쉽게 말하면 복합문화공간이다. 음악, 미술, 연극이 모두 가능하며, 실제로 감자꽃스튜디오는 국악, 밴드, 연극, 무용, 아카펠라, 심지어 사진, 영상, 미술, 놀이와 관련된 사람들이 찾아와 협업하는 공간으로도 활용됐다. 또 청소년과 장애인, 노인, 군인, 다문화가정을 위한 각종 문화 프로그램도 수시로 열렸다. 이곳이 학교

평창

였다는 점에서 그 명칭과 취지를 살린 봄소풍(마을축제), 분교캠프(마을캠프), 가을운동회(레포츠), 성탄극장(주민송년회)은 이미 감자꽃스튜디오의 주요 행사가 됐다.

마을 이미지를 활용한 디자인 달력도 만들었고, 지역 전통예술 아카이빙, 지역 예술가의 공연 유치, 음반과 출판 작업도 모두 이곳에서 이뤄졌다. 문화, 교육, 복지, 농촌 등 다양한 분야의 전문가와 대학, 사회단체의 방문을 이끌고, 이들과의 네트워킹을 통해 마을 홍보와 도농교류의 거점으로 삼은 것도 감자꽃스튜디오의 성과다. 이만하면 부산과 서울, 광주 공무원과 대학교수, 시민단체 회원들이 강원도 평창에서도 산골 오지로 통하는 이곡리를 왜 찾는지, 그 이유를 알 수 있을까?

감자꽃스튜디오를 찾은 것은 여름이 한창인 2014년 8월이었다.

아직 날이 어둡지는 않았지만 산그늘이 길게 드리워졌다. 그 산그늘 속에서 감자꽃스튜디오가 희미하게 목격됐다. 희미했다는 말은 감자꽃스튜디오의 외관 색깔이 잿빛이었기 때문이다. 그런데 건물 모양이 괴이했다. 폐교라는 생각이 전혀 들지 않았다. 주변 환경과도 어울리지 않는, 초현대적인 모습이었다.

감자꽃스튜디오 이선철 대표는 이런 생각을 읽었는지 "좀 그렇지요"라고 되물었다. 하지만 그 말은 동의가 아니었다는 사실을 곧 깨달았다. "뭐, 이렇게 생각해볼 수도 있지 않을까 싶어요. 사람들이 다 잠에 빠진 밤중에, 살짝 내려앉은 우주선 같은 것 말입니다. 시골에서도 그런 상상을 할 수 있잖아요. 허허."

폐교 개조는 고(故)* 이종호 한국예술종합학교 교수(1957~2014)가 맡았다. 그는 박수근미술관, 노근리기념관, 이화여고100주년기념관, 명지대 방목기념관 등을 설계한 건축가로, 우리나라 현대건축 1세대 거장으로 잘 알려진 김수근의 마지막 제자였다. 이선철 대표는 "평소 친분 관계로 그에게 개조 작업을 의뢰했는데, 그가 자살로 삶을 마감하면서 마지막 작품이 될 줄 몰랐다"고 답했다. 산그늘이 길게 드리워진 잿빛 건물이 새로운 의미로 다가왔다.

스튜디오 앞의 넓은 공터는 학교 운동장이었다. 그러나 이곳을 찾은 때가 여름이라 운동장은 온통 풀로 뒤덮여 있었다. 이 대표는 "풀이 많으니 가끔 두루미가 찾아와 놀다간다"며 "이런 사실을 확인한 뒤부터 아예 풀을 베지 않고 있다"고 말했다.

감자꽃스튜디오는 정면의 외관이 독특하지만 옆에서 보면 폐교

---

* 위키백과(http://ko.wikipedia.org/wiki/%EC%9D%B4%EC%A2%85%ED%98%B8_(%EA%B1%B4%EC%B6%95%EA%B0%80) 참조. 이종호 교수의 죽음에 대한 글도 실렸으니 참고 바람.

모습이 그대로 남아 있다. 이 대표는 "폐교 원형을 거의 훼손하지 않은 리모델링"이라며 "건물 앞부분은 폴리카보네이트와 유리로 아트리움(중앙정원, 안뜰)을 증축했기 때문에 그렇게 보일 뿐"이라고 답했다. 아트리움에는 무대와 덱, 화단을 조성해 실내 공간을 크게 확장했다. 각 교실은 취사공간, 박물관, 게스트룸, 도서관, 사무실, 강당 등으로 기능을 재배치했다. 본관 앞의 별관은 2013년 새로 지은 마을회관(커뮤니티 센터 겸 갤러리)이다.

감자꽃스튜디오는 평창군청, 강원도청, 문화체육관광부 등으로부터 예산 지원을 많이 받았다. 특히 평창군청은 2004~2013년 개조 사업비 3억 5천만 원, 간이상수도 추가 설치공사비 6천만 원, 주변 부대시설 정비 2천만 원, 장애인과 다문화가정 문화예술교육지원비 1천700만 원, 화장실 보수비 2천500만 원 등을 지원했다.(평창군청 정보공개 자료)

_ 이종욱 스튜디오

복도 바닥은 폐교 이전의 마루를 그대로 사용했다. 외부 창틀은 외풍을 막기 위해 바꿨고, 내부 창틀은 완전히 틀어막아 벽으로 만들었다. 감자꽃스튜디오를 정면에서 보면 왼쪽 출입구와 가장 가까운 곳이 '이종욱키친'이다. 옛 출입구로 사용했던 화장실 옆 교실을 개조했는데, 식탁 4개와 의자 16개가 놓였다. 칠판이 있던 곳은 입식 부엌으로 바꿨다. 이 대표는 "워크숍이나 방문자 식사, 모임 장소로 활용한다"고 설명했다. 부엌은 마을행사 때 공동 주방이 되는데, 레지던시 이용자가 있다면 취사 및 휴게 공간으로도 사용된다.

벽에는 감자꽃스튜디오 주변의 동부 5리(노론리, 이곡리, 조동리, 고길리, 지동리) 마을사람을 주제로 만든 '2012년도 마을달력'이 걸려 있

었다. 한국화가 강내균 화백이 마을 풍경을 그렸고, 사진작가 이영훈과 디자이너 김태헌이 제작한 달력이었다. 그런데 왜 '이종욱키친'이라고 할까. 스튜디오 조성 때 주방기구를 기증한 백조씽크 이종욱 대표의 호의에 감사한 답례였다고 이 대표는 말했다.

_ 노산분교박물관

이종욱 스튜디오의 옆 공간은 '노산분교박물관'이다. 이곳도 교실을 개조했는데, 책상 색깔이 너무 다양해 폐교 이전에 사용하던 것으로 느껴지지 않아 물었다. 이 대표는 "교실에서 사용하던 책걸상이 맞다"고 했다. 하지만 사연이 있단다. 개조 공사를 하던 중 작업자가 남은 페인트로 예쁘게 칠한다고 한 것이 오히려 책상을 망쳐 놓았단다. 그래서 이 대표가 지인인 선미화 일러스트레이터를 초청해 아예 예술작품으로 바꿔놓았다.

벽에는 커다란 사진 두 장이 붙어 있었다. 하나는 초기 학교 사진이고, 다른 하나는 새로운 교사였다. 평창교육지원청에서 사진 원본을 구해 확대한 것이라고 했다. 옛 학교 모습을 커다란 사진으로 감상할 수 있다는 것은 졸업생이나 마을사람들에게 큰 추억이 될 것 같았다.

사진으로 본 옛 학교는 생각보다 훨씬 컸다. 가운데 커다란 운동장이 있고 양 끝에 교사와 숙소, 교재원, 수목원, 실습지가 있었다. 숙소가 있던 곳은 지금 야외 휴식공간으로 활용되고 있으나 관리가 잘 안 돼 산뜻하지는 않았다. 다만, 이곳에 남은 사자상과 이승복 어린이 동상을 통해 이곳이 과거 학교였음을 알 수 있었다. 박물관 한쪽에는 37년 동안 학교에서 소사(小使) 생활을 하다 세상을 떠난 이돈각 할아버지의 사진과 추모 편지도 있었다.

_ 감자꽃도서관

교무실에서 나와 왼쪽으로 돌면 작은 통로가 나오고, 통로 오른쪽에 별도의 단층 건물이 있었다. 과거 과학실로 사용된 '감자꽃도서관'이었다. 마을사람들이 수시로 찾아와 책 읽고, 음악을 듣는 공간이다. 벽면에는 〈강원일보〉 2003년 1월 3일자 신춘문예 당선 글이 스크랩으로 붙어 있었다. 지은이는 이남영 씨. 그는 이 대표가 서울에서 벤처기업을 할 때 출판팀 직원이었다. 고향이 이곳에서 가까운 영월이라 짬짬이 이곳에 와서 동화를 썼고, 그 동화 중 한 편이 〈강원일보〉 신춘문예에 당선됐다. 이 대표는 이를 기념하기 위해 작은 도서관을 만들었고, 그때 평창군의 재정 지원까지 얻어 아예 폐교 전체를 리모델링했다. 감자꽃스튜디오*란 이름은 이남영의 동화에서 추출된 것이다.

---

* 한국문화예술위원회 제2대 위원장인 김정헌은 자신의 책 『김정헌, 예술가가 사는 마을을 가다』의 감자꽃스튜디오 탐방기에서 "감자꽃은 감자처럼 무덤덤한 꽃이다. 무성한 잎사귀들 사이를 뚫고 올라온 감자꽃은 약간 어두운 흰색이다. 슬쩍 보랏빛을 띠기도 한다. 피었는지 말았는지 무덤덤한데 벌써 땅 아래서는 감자들이 영글어간다. 감자꽃스튜디오도 이렇게 꽃을 피우고 지역과 주민들 속에서 문화를 영글게 하고 있었다"(99쪽)라고 표현했다.

_ 2층 강당

2층은 교실 3칸이 있었다. 그중 한 칸의 교실을 쪼개 교사 숙직실, 교장실, 소사실로 사용했다. 숙직실은 지금 상근 직원의 숙소로, 교장실은 그의 숙소로, 소사실은 레지던시로 사용되고 있다. 나머지 교실 두 칸은 하나로 만들어 강당이 됐다. 과거에도 이 두 교실 사이에는 접이식 문이 있었는데, 평소에는 이를 닫아 3, 4학년과 5, 6학년 교실로 구분했고, 졸업식이나 입학식 때에는 문을 터 강당으로 사용했다.

강당은 음악, 연극, 무용 등 다양한 공연은 물론이고, 녹음도 가능하도록 각종 기자재와 악기가 있었다. 주민들이 동아리 활동 공간으로 주로 사용하나, 간혹 외부 예술인들이 찾아와 음반작업을 하기도 했다. 이 대표는 "미탄아라리와 둔전평농악 등 지역의 전통예술 아카이빙 음반은 물론이고, 감자꽃스튜디오 매니저이자 청년음악가인 안병근의 음반 '첫번째 시도'도 이곳에서 제작됐다"고 말했다. 마을극장이나 송년잔치, 지역 청년들의 파티장으로도 종종 활용되고 있다.

_ 별관(마을회관)

본관 앞의 별관은 2013년 새로 지었다. 커뮤니티 공간(마을회관)이자 갤러리, 홍보관으로 사용하고 있다. 예산은 강원도청이 댔다. 별관은 방문 당시 비어 있었다. 그는 "흰 벽면에 주민들의 예술창작 활동 결과물이나 마을 소재 작품, 마을 자원과 콘텐츠 홍보물로 채우고, 그 옆 벽면에는 마을 전체를 조망하는 커뮤니티 지도를 붙일 계획"이라고 답했다.

💬 인터뷰 - 이선철

이선철은 1966년 서울에서 태어났다. 연세대 사회학과를 졸업하고, 영국 런던시티대 문화정책대학원에서 예술경영을 공부했다. 김덕수 사물놀이패 기획실장과 문화벤처 폴리미디어 대표를 지냈고, 용인대 문화콘텐츠학과 교수를 역임했다. 그는 한때 국내 최고 문화기획자로 이름을 날렸고, 감투가 30개에 달할 정도로 바쁜 인물이었다. 그것이 그에게 휴식을 요구했고 시골의 폐교 공간을 찾게 했다고 그는 말했다.

_ 강원도 평창에는 언제 왔나?

2002년이었다. 인터넷으로 폐교를 찾다가 노산분교를 발견했다. 처음에는 일부만 사용했다. 지금의 도서관 공간을 원룸처럼 만들어 생활했는데, 2003년 말 강원지사(김진선)가 찾아와 지역문화공간으로 바꾸면 어떻겠느냐고 제안했다. 이후 평창군청이 폐교를 매입해 나에게 위탁 경영을 맡겨 지금에 이르고 있다.

_ 직원은?

나를 포함해 5명이 있다. 그중 두 명은 여기에 함께 살고, 나머지 세 명은 서울에서 일을 돕는다. 섭외해야 할 사람들이 서울에 많다.

_ 직원 급여와 운영비는?

탐방객이 의외로 많다. 이들을 상대로 강의하고 자문하는데, 그 대가를 받아 급여와 운영비로 쓴다. 시설 이용료는 따로 받지 않는데, 시설이 군청 소유이기 때문이다.

_ 방문자는?

두세 시간 단위로 방문객이 찾아온다. 지자체 공무원, 호텔 직원들, 연예인 등으로 다양하다. 방문자 프로그램이 따로 있다. 공간만 빌려줄 때도 있고, 공간과 프로그램을 함께 제공할 때도 있다.

_ 마을사람들과의 관계는?

감자꽃스튜디오는 평창군청의 재산이다. 이 말은 이 공간이 마을 사람들 전체를 위한 시설이라는 뜻이고, 실제로 그렇게 운영되고 있다. 같은 이유로 방문자를 위한 숙식도 이곳에서 처리할 수 있지만 결코 그렇게 하지 않는다. 마을에 펜션이 여럿 있는데, 모두 그곳으로 안내하고, 단체 방문이 있으면 부녀회에 식사를 의뢰한다.

_ 향후 어떤 삶을 계획 중인가?

감자꽃스튜디오는 정착 단계에 이르렀다. 쉽지 않겠지만 나는 다른 일을 찾고 싶다. 이곳에 온 이유가 '슬로 라이프(Slow Life)' 때문인데, 요즘은 서울에서 살 때보다 더 바쁘다. 누가 10년 뒤 뭘 하고 있을까, 라고 물었는데, 그때 "깊은 산중에서 꽁지머리한 도사로 살 것"이라고 답했다. 하지만 어떤 경우에도 문화기획자라는 삶은 바뀌지 않을 것 같다.

감자꽃스튜디오는 다양한 프로그램을 운영하고 있다. 다음의 프로그램은 감자꽃스튜디오를 이해하는 데 도움이 된다.

• 성탄극장 : 2013년부터 시작된 마을 송년회다. 성탄절 전날 열리는데, 주민들이 직접 공연을 준비한다. 청소년 밴드와 주민의 악기 연주, 부녀회와 마을 어르신의 춤과 민요, 중장년 남성들의 단막극도 볼 수 있다. 성탄극장은 감자꽃스튜디오에서 열리지만 프로그램과 행사 준비는 마을의 노산교회가 주도하고 있다.

• 감자꽃 자연 영화제 : 2014년 9월 기획된 행사다. 자연과 마을을 소재로 하는 작품을 모아 상영한 영화제로, 2014 서울환경영화제 대상 수상작인 〈할머니가 간다〉와 특별상 〈춤추는 숲〉, 2013 서울독립영화제 수상작인 〈아버지의 이메일〉과 장편 애니메이션 〈우리별 일호와 얼룩소〉 등이 상영됐다. 이 영화제는 외부 지원 없이 자체 투자와 재능기부로만 이뤄졌다는 점에서 의미가 크다. 이 대표는 "박물관, 강당, 덱을 각각 어린이전용관, 전문영화관, 일반상영관 등으로 꾸몄다"고 설명했다. 폐교 공간에서도 영화제를 치를 수 있음을 보여주었다.

🌲 평창초등학교 노산분교

평창초등학교 노산분교는 1938년 8월 1일 강원도 평창군 평창읍 조동리 평창초등학교 노산 간이학교(1학급)로 인가받았다. 1944년에는 2학급(10평)의 노산공립국민학교로 승격됐다. 그러나 6·25전쟁 중 학교 건물이 훼손돼 1952년 11월 30일 수리가 끝날 때까지 문을 닫아야 했다. 노산공립국민학교는 1955년 7월 13일 지금의 이곡리의 신교사로 옮겼다. 하지만 학생 수 감소로 1987년 3월 1일 평창초등학교 노산분교로 지위가 격하됐고, 1999년 9월 1일 정부의 소규모 학교 통폐합 조치에 따라 완전히 문을 닫았다. 졸업생은 모두 292명, 폐교 부지는 3,856㎡(건물 766.91㎡)였다.

전화 033-332-5337
위치 강원도 평창군 평창읍 고길천로 105(평창군 평창읍 이곡리 333)
대표 이선철
웹사이트 www.potatostudio.org

본관
1층 : 이종욱 스튜디오
　　　노산분교 박물관
　　　교무실, 감자꽃 도서관
2층 : 강당

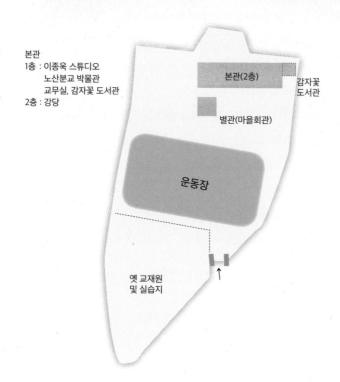

653예술상회의 이종현

653예술상회는 충북 청주 시내에 위치했다. 충북청주의료원, 청주
종합운동장, 충북중앙도서관, 청주예술의전당 등 주요 관공서가 반
경 500m 안에 자리하고 있고, 대형 아파트단지도 주변에 많았다. 그
럼에도 653예술상회가 자리 잡은 서원구 사직동 일대는 재개발지역
으로 묶여 도심 속 슬럼가로 분류됐다. 하지만 그런 이유로 폐교가
된 것은 아니다. 653예술상회가 설립된 곳은 우리나라 학교가 아니
라 화교들이 운영하는 학교였다. 지금도 재산권은 화교단체가 가지
고 있다. 국제 정세의 변화로 국내 화교들이 대만이나 다른 국가로
옮겨 가는 바람에 학생 수가 크게 줄어 폐교된 것이다. 그러나 화교
단체는 폐교가 아니라 '휴교'라고 주장하고 있다.

　자동차 내비게이션이 멈춘 곳은 동네 한가운데의 골목이었다. 하
지만 653예술상회는 보이지 않았다. 그 대신 우중충한 벽 그림이 시
선을 끌었다. 얼핏 653예술상회의 예술가들이 그렸을 것 같다는 생
각이 들어 주변을 살폈다. 역시 그랬다. 653예술상회는 벽화 끝의 오
르막 길 위에 있었다. 옛 학교 교문이 그대로 달렸고, 문설주 위에 크
고 둥근 '653예술상회' 표식이 붙었다. 정문 오른쪽에는 '구 화교학
교' 표식과 당시 사진이 함께 걸렸다. '사직대로 248번길 20-1'이라
는 새 도로주소도 보였다. 새것이 중요하지만 옛것을 함께 남긴 653
예술상회의 마음 씀씀이가 따뜻하게 느껴졌다.

'구 화교학교' 표식 아래의 설명문을 읽었다. "6·25전쟁 이후 청주 지역 도살장으로 쓰이던 곳으로, 1971년 7월 1일 청주화교학교가 현재 자리로 이전. 2009년 폐교되어 예술인단체 '653예술상회'가 입주하여 공동체 예술을 진행함."

폐교는 생각보다 더 작았다. 교사도 단층짜리 건물 두 동이 'ㄱ'자로 묶였는데, 교실 3개와 교무실, 식당, 화장실, 강당(대례당)이 전부였다. 운동장은 가정집 정원보다 조금 더 컸다. 초등학교 고학년 학생들이 축구하기에는 좁은 듯했다. 짙은 노란색의 본관 건물 벽면에 한자로 돋을새김한 '청주화교소학(淸州華僑小學)'이 눈길을 끌었다. 보조 건물의 벽면에는 '대례당(大禮堂)'이라는 글씨가 양각돼 있었다. 본관 건물은 지금도 사무실과 작업실, 식당으로, 대례당은 갤러리로 사용되고 있다.

좁은 운동장은 전날 회식이라도 한 듯 플라스틱 의자와 탁자, 화로, 쓰레기통이 어지럽게 널려 있었다. 화단에는 학교가 운영될 당시의 교복으로 보이는 초록색 정복에 짧고 단정한 머리, 하얀 칼라와 빨간 호주머니가 있는 상의, 흙색 줄무늬의 노란 바지 차림 인형이 서 있었다. 입주 작가 중 한 명이 만들었을 테다. 한쪽에는 그녀와 미끄럼틀이 있었는데, 오래된 듯 많이 낡았다. 몽골 천막은 조각가가 사용하는 공간이라고 했다. 뚝딱거리는 것이 많아 일부러 운동장에 설치했다고 이종현 대표가 나중에 말했다. 가장 이질적인 것은 화단에 심은 무궁화나무였다. 화교 학교에 웬 무궁화? 한국에 대한 소수자의 충정심 표현이었을까. 기분이 야릇했다.

문을 열고 안으로 들어갔다. 좁은 복도를 따라 3개의 스튜디오와 사무실, 화장실, 식당이 있었다. 폐교 이전의 용도를 알리듯 각 방문 위에는 옛 화교소학교 시절의 명패가 그대로 걸려 있었다. 첫 교실은 '찬청(餐廳)'이라는 표기가 붙었다. 식당을 뜻했다. 이곳은 지금도 식당으로 사용된다. 문 앞에는 예술상회로 바뀐 뒤 무슨 일이 있었는지를 알려주는 사진이 덕지덕지 붙었다. 이곳을 처음 찾은 사람이라도 앞서 무슨 일이 있었는지를 짐작할 수 있었다. '2월 24일 해피 발렌타인', '미끄럼틀 앞의 멍멍이', 외국인이 함께한 식사 장면도 눈길을 끌었다.

출입문에서 가까운 스튜디오3에는 청년 예술가 한 명이 작업 중이었다. 초정밀화를 그리는 화가였다. '박성현'이라는 이름이 방문 앞에 붙었다. 문을 살짝 열어 사진을 찍어도 괜찮겠느냐고 물었다. 그때 비로소 깜짝 놀라며 일어섰다. 사진을 찍는 것은 좋은데, 밤샘 작업을 했으니 퉁퉁 부은 얼굴은 찍지 말라며 그가 웃었다.

스튜디오2는 폐교 전에 '102교실'로 불렸다. 지금은 공동작업실 겸 교육실로 사용된다. 모양이 다른 식탁과 책상이 가운데 놓였고, 각종 물감과 붓, 팔레트 등이 수납장에 보관됐다. 바닥에는 마을을 진흙으로 빚은 작품이 놓여 있었다. 벽에는 '2014 꿈다락 토요문화학교 IN 충북'이라는 큰 글씨의 포스터가 붙었다. 방문에는 653예술상회 사랑방 작가 2인전 포스터가 A4용지 크기로 부착돼 있었다. 윤

지혜와 조은헌 씨가 주인공이었다. 날짜는 2012년 6월 1~10일. 윤 씨는 2010년 계명대 서예과를 졸업했고, 조 씨는 충북대에서 동양화 를 전공했다. 653예술상회가 전시회를 갖고 싶어 하는 청년 작가들 의 둥지라는 사실을 깨닫게 했다.

사무실 방문 위에는 '교무실'과 '협회변공처'라는 이름이 나란히 붙었다. 교무실은 알겠는데, 협회변공처는 무슨 뜻일까? 사무실 문 을 살짝 열고 들어가니 멀리 벽 위에 초상화가 보였다. 누구 것인지 는 알 수 없지만 화교소학교와 관련 있는 인물로 여겨졌다. 그 앞으 로 책상과 정리되지 않은 짐, 마카보드가 있었다. 그런데 한쪽 소파 에 누군가 누워 있었다. 그는 문소리에도 잠을 깨지 못했다. 복도 끝 에는 스튜디오1이 있었다. 다른 방과 달리 모든 기물이 잘 정리돼 있 었다. 책상도, 의자도, 벽에 붙은 액자나 그림도 반듯했다.

복도를 돌아 나오는데, 벽에 붙은 '청주화교소학중건연헌방명'이 시선을 잡았다. 청주화교소학교를 지을 때 기부한 사람들의 명단이 었다. 2001년 9월 10일 준공했다는 기록도 있었다. 그 무렵 스마트폰 이 울렸다. 이종현 대표였다. 어젯밤 약주 때문에 늦잠을 잤다며, 곧 세수하고 나오겠단다. 알고 보니 사무실 소파에 누워 있던 그 사람

이었다.

그를 만나기 위해 식당에서 기다리는데 한 외국인이 나타나 가볍게 목례를 한 뒤 스튜디오2로 들어갔다. 강의실에는 단 한 명의 여성 수강생만 있었는데도, 그는 강의를 시작했다. "스킨 톤(skin tones), 번트 시에나(burnt sienna), 티타늄 화이트(titanium white)…." 색깔을 나타내는 영어 단어였다. 그의 이름은 매튜 앤더슨. 서양화를 전공한 화가라고 나중에 이종현 대표가 소개했다. 앤더슨 씨는 매주 일요일마다 주민들을 상대로 영어를 가르치고 있단다.

💬 인터뷰 - 이종현

서둘러 세수를 하고 식당에 들어선 이종현(49) 653예술상회 대표는 한눈에 봐도 자유인이었다. 덥수룩한 수염에 편한 복장, 그리고 앉자마자 꺼내는 담배와 커피 한 잔이 그런 느낌을 갖게 했다. 그런 그를 보고 미소를 지었다. 그 미소가 무슨 의미인 줄 모르고 그도 덩달아 웃었다. 특유의 너털웃음이 편하고 좋았다.

그는 653예술상회 대표보다 팀장 혹은 실장으로 불러달라고 했다. 물론 그것보다 더 좋은 것은 '통장'이라고 했다. 뜬금없이 웬 통장일까? 그는 공식 직함이 그렇다며 웃었다. "예술은 생활이어야 합니다. 생활 속에서 꽃 피지 못하는 예술은 죽은 것이나 다름없어요." '통장'은 예술가로서 살아 있는 예술을 추구하는 데 있어 가장 의미 있는 자신의 직책이라고 그는 말했다. 특히 외지인에 대한 주민들의 경계심을 풀고 주민의 한 사람으로서 주체적으로 마을을 바꾸기 위한 자격을 통장이란 직책이 제공하고 있다고 강조했다.

_ 이곳에 자리 잡은 것은?

'하이브'라는 레지던시에 있을 때부터 폐교를 찾아다녔다. 시내에서 외곽까지 매일 자전거를 타고 다녔는데, 정작 시내 중심부에 이런 폐교가 있을 줄 몰랐다. 2010년 폐교를 확인한 뒤 소유자인 화교 단체와 협의했다.

_ 653예술상회는 어떤 곳?

예술 공동체다. 시각예술가들이 상주하며 작품 활동을 하고 있다. 그러나 지역 사람들과의 연대, 지역 어린이에 대한 예술 교육, 외국 작가들과의 레지던시 사업 등도 소홀히 하지 않는다. 정부나 공공기관으로부터 예산을 지원받는 프로그램도 하고 있지만 독립적인 프로그램을 가지려고 노력을 많이 하고 있다. 그중에서도 가장 중요한 것은 공동체 주민들과의 소통이다. 삶의 현장에서 서로 함께할 수 있는 문화를 보급하는 것이 653예술상회의 설립 목표다.

653예술상회의 '653'은 도로명 주소 이전의 번지다.

_ 상주 작가들에게 어떤 역할을 부여하나?

자신이 살고 있는 공동체에 대한 의무를 강조하고 있다. 그것이 재능기부가 될 수 있고, 주민들과 함께 즐길 수 있는 오락이 될 수도 있다.

_ 청주화교소학교였는데?

청주화교소학교는 2009년 9월 문을 닫았다. 그럼에도 소유권은 여전히 화교협회가 쥐고 있다. 협회는 "폐교가 아니라 휴교"를 주장한다. 우리는 매년 800만 원을 사용료로 내고 있다. 청주시교육지원청과는 상관없다. 건물이 낡아 보수해달라고 했지만 화교협회는 아직까지 감감 무소식이다.

_ 주민 관계는?

초기에는 동네 사람들과 알력이 심했다. 지금은 누구와도 잘 지낸다. 먼저 다가가 인사하고 궂은일은 아예 도맡아 처리한 것이 큰 효과를 발휘했다. 통장을 내게 맡긴 것도 같은 맥락에서다.

_ 레지던시는?

레지던시는 작업실이 없는 작가를 위한 공간 제공 프로그램이다. 그러나 요즘은 스펙 쌓기를 위한 프로그램이 됐다. 그래서 정부 지원의 레지던시를 가능한 맡지 않으려고 한다. 이보다 공동체의 한 일원으로 살면서 예술에 종사하는 프로그램에 관심을 갖는다. 653예술상회에는 현재 4명이 작업하고 있다. 그리고 주변에 2명의 작가가 더 관계를 맺고 있다. 이들 모두는 이곳으로 주소를 다 옮겼다. 주민이 된 것이다. 앞으로는 문학이나 음악 분야 예술가도 초청할 생각이다.

_ 주민 관계를 개선한 사례가 있다면?

수없이 많다. 사직이야기길 지도 만들기도 그중 하나다. 처음에는 볼 게 뭐 있느냐고 하던 동네 어르신들이 막상 지도에 하나하나 점을 찍으니 생각이 달라지셨다. 그것이 자신의 역사이고 삶의 흔적이라는 사실을 깨달은 것이다. 우리도 공동체와 함께하는 예술의 역할이 무엇인지를 깨달았다.

　예술가 이종현은 2007년 청주미술창작센터에서 1만 개의 의료용 밴드(일명 대일밴드)를 소재로 다양한 인간 표정을 만들어 전시회를 가졌다. 2008년에는 서울 남산한옥마을과 대안공간 반지하에서 주전자와 양은냄비 등을 오브제로 전시했고, 2009년에는 대전창작센터와 한가람미술관에서 밴드 작업전을 가졌다. 2012년에는 한국문화예술위원회 공모사업 '국제교류중기기획 프로젝트'에 653예술상회가 선정되면서 국제교류 디렉터로 참여했다(이종현 저『제발, 천천히, SLOW』참조).

　예술비평가 김승환은 이종현에 대해 "20대 청년 시절을 섬유예술로 보냈고 이후 다양한 자료를 매체로 삼으면서, 고정된 예술의 영토를 깨부수는 일을 했다. 그의 시선은 섬유, 종이, 캔버스, 물감, 양은, 철사, 판화 등을 넘어 세상 모든 사물의 예술화를 지향한다. 그의 이 거대한 반역은 쓸모를 절대원리로 하는 근대 사회에 대한 저항이기도 하다"고 썼다.(『6th 이종현 solo show』의 화요비평 재인용)

　이종현 대표는 7권의 책을 건넸다. 그 속에 그의 활동이 모두 담겼다고 했다. 2012년과 2013년 국제교류 중기기획 프로젝트 결과보고서도 그중 일부였다. 그 외에도 사직2동 주민자서전, 양달말 마을기업 결과 보고서가 흥미로웠다. 기록은 그에게 의미 있는 예술이었다. 그는 고향인 충북 단양에서 10년, 청주에서 또 10년을 살았다고 했다. 그리고 서울에서 미술대학을 다니면서 15년을 보냈고, 다시 청주로 내려와 10년째 살고 있다고 했다. 대학에서는 섬유미술을 전공했고, 지금은 '커뮤니티 아티스트'인데, 그의 번역을 빌리면 '동네 예술가'다.

  그는 "새벽부터 길에서 쓰레기를 주워보라"고 했다. 그러면 아틀리에서는 보이지 않던 예술이 떠오른다고 말했다. 이런 이유로 그는 매일 풀을 뽑는다. 이를 사진으로 기록하고 그림도 그린다.

  이 대표가 자신의 낡은 트럭으로 동네를 안내했다. 처음에는 몰랐는데, 동네 전체를 한눈에 내려다볼 수 있는 언덕이 있었다. 멀리 있는 큰 사찰도 잘 보였다. 옛 청주KBS자리였다. 이곳에 조만간 청주문화회관이 들어설 예정이란다. 그는 골목을 오르다 대뜸 평상 하나를 가리켰다. 자신이 만든 것인데, 쉬는 곳이 마땅찮다는 생각에서 일부러 설치했다고 했다. 평상은 크지 않았다. 평상은 생활 속에서 피어난 예술이었다. 충혼탑 사직단 터에 이르니 그가 매달아놓았다는 '사직이야기길' 표식이 있었다. "한국전쟁에서 순국한 청주 출신의 호국영령 3천203명을 추모한 충혼탑"이라는 설명이 붙었다. 얼마

지나지 않아 하얀 날개를 등에 단 빨간 우체통도 나타났다.

_ 653예술상회가 한 일

• 어린이 별똥대: 어린이의 오감을 자극하고 어린이다운 감성을 회복하기 위한 어린이 프로그램. 예술을 놀이로 하여 어린이와 예술가가 협력했다. 미래의 집 그리기, 빵에 색깔 칠하기, 지역지도 만들기, 갤러리 투어, 벽화 그리기, 나뭇잎으로 얼굴 만들기, 초상화 그리기 등이 있었다.

• 아름다운 공동체 골목길 만들기: 재활용품을 리모델링하여 지역주민과 함께 만들고 감상하는 작업이었다. 아무도 거들떠보지 않던 골목길에 '오솔길'이라는 이름을 붙여 다시 드러내고, 이를 주민들이 스스로 삶의 쉼터로 활용하도록 했다.

• 주민 자서전 만들기: 2011년 4~6월 중 진행했다. 마을에서 오래 산 주민 5명을 대상으로 일상의 모든 것을 기록했다. 텃밭 가꾸는 할머니, 터줏대감, 공인중개사, 이용원 주인, 철물점 주인 등이 그 주인공이었다. 과정은 쉽지 않았다. 숨기고 싶은 과거도 있고 사생활 침해 우려도 있었다. 주민과 동네의 과거사를 기록하는 것은 예술가 행동으로 부질없는 일처럼 보일 수도 있었다. 그러나 주민과의 인터뷰에서, 토박이와 옛길을 걸으면서, 그들이 알고 있는 이야기들이 수집되는 과정에서, 골목지도가 제작되는 과정에서 주민들과의 소통이 이뤄졌다. 주민들은 나중에 동네의 소소한 역사를 왜 기록해야 하는

지를 깨달았고, 처음과는 달리 더 많은 정보를 제공했다.

•**마을기업 두부공장 이야기**: 마을 이야기길을 계획하다 우연히 문
닫은 두부공장을 발견했다. 이를 계기로 국밥축제와 기증 작품을 팔
아 기금을 모은 뒤 2013년 마을기업 '양달말'을 설립했다. 마을기업
은 수익을 남기는 데 목적을 두지 않았다. 두부공장을 운영함으로써
사람들이 모여 이야기를 나누고, 동네에 관심을 갖고, 더 나은 공동
체를 기약하는 과정을 보고 싶었다. 이종현 대표는 스토리텔링을 통
한 콩 식품 제조 및 식당 운영을 기획했다. 그 과정에서 주민들이 적
극 나섰다. 기획은 물론이고 기금 모금, 장소 선정, 회원 확보, 두부
집 답사 등 모든 절차를 주도했지만 정작 대표는 토박이 주민이 맡
도록 했다. 그 결과 사직2동 주민 조직인 '도시재생추진위원회'를 중
심으로 주주 6명이 150만 원씩 출자했다. 리모델링과 전기 배선도
주민이 맡았다. 다행히 계명대 이인원 유아교육과 교수가 음식 자문
을 했고, 충북대 도시공학과 도시재생사업단도 도움을 주었다. 양달
말은 2013년 3월 12일 청국장, 비지장, 두부전골, 두부김치 등을 판
매하는 마을기업으로 문을 열었다.

♠ 청주화교소학교

청주화교소학교는 1953년 7월 6일 청주화교소학교동사회(淸州華僑小學董事會)가
청주시 상당구 수동 옛 청주여고 뒤편에 설립한 화교 소학교다. 지금의 흥덕구 사
직동으로 옮긴 것은 1971년 7월로, 이후 2001년 9월 새 교사를 지었다. 그러나 국
제 정세의 변화로 화교들이 대만과 다른 국가로 옮겨감에 따라 학생 수가 크게 줄
어 2009년 가을, 문을 닫았다. 폐교 당시 학생 1명과 교사 2명이 남았는데, 교사들
은 대만으로 돌아갔고, 혼자 남은 4학년 학생은 대전 화교학교로 전학했다. 이곳
은 청주화교소학교가 들어오기 전까지 도살장으로도 사용됐다(653예술상회 자
료 제공).

전화 010-9482-1426
위치 충북 청주시 서원구 사직대로 248번길 20-1(사직동 653)
대표 이종현

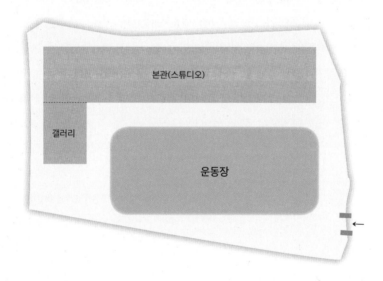

본관(스튜디오)

갤러리

운동장

후용공연예술센터 노뜰의 원영오

후용초

후용공연예술센터는 2000년 3월 폐교된 후용초등학교를 이듬해 극단 노뜰이 빌려 시설을 개조한 뒤 2004년 개관했다. 극단 노뜰이 관리하고 있지만 정작 후용공연예술센터 노뜰의 원영오 대표는 "누구나 예술센터를 이용할 수 있고 그렇게 하려고 노력하고 있다"고 답했다. 독점적 사용보다 공유에 더 큰 가치를 두고 있었다.

원 대표의 그런 생각은 운동장 꽃밭에 설치된 '대한민국 공간문화대상' 표지석에서도 확인됐다. 2006년 12월 문화관광부가 설치한 표지석인데, 이런 글이 씌어 있다. "이곳은 주민들이 지혜와 뜻을 모아 일상의 생활공간을 지역의 역사와 문화가 살아 있는 아름답고 쾌적한 공간으로 가꾸었기에 대한민국 정부가 대한민국 공간문화대상을 드린 장소입니다." 후용공연예술센터의 궤적을 보면 이런 수사가 결코 과장된 것만은 아니라는 사실을 알 수 있다. 실제로 이곳은 마을 어르신의 약속 장소로 활용되며, 마을축제의 중심이 되고 있다. 또 도시로 나간 마을청년들이 명절 때 귀향하면 으레 자녀들과 함께 이곳을 찾아 새로운 추억을 공유하고 있다.

문설주에도 '후용공연예술센터' 대신 '후용초등학교' 명패가 붙어 있다. 원 대표는 "마을사람의 학교에 대한 추억을 빼앗고 싶지 않았기 때문"이라고 말했다. 외지로 나갔다가 고향에 돌아왔을 때 자신이 다닌 학교 이름 대신 다른 것이 붙어 있으면 거리감을 느낄 수 있고,

이는 후용공연예술센터가 마을에서 '이질적인' 공간으로 인식될 우려가 있기 때문이라고 했다. 학교 흔적은 독서하는 여학생 동상, 교가가 새겨진 콘크리트 게시판에서도 확인 가능하다.

운동장 뒤로 꽃밭이 있고, 그 뒤편으로 3개 동의 건물이 위치했다. 운동장에서 볼 때 정면의 것이 교실극장이고, 왼쪽은 사무동, 오른쪽은 컨퍼런스룸이다. 사무동은 폐교 전까지 교장실과 교무실, 교실(3칸), 샤워실로 사용됐는데, 지금은 사무실, 휴게실, 스태프 방, 게스트룸, 아카이브, 화장실 등으로 기능이 재배치됐다.

공연장은 교실극장과 야외극장, 컨퍼런스룸 3곳이 있으며, 객석을 모두 합치면 350석에 이른다. 원 대표는 "교실극장은 과학실과 일반 교실 두 칸을 합쳤고, 컨퍼런스룸 건물은 과거에도 교실과 부엌, 급식소로 사용됐다"고 설명했다. 교실극장 뒤의 숙소는 2개 동인데, 작은 것은 원 씨 부부가, 큰 것은 단원들이 사용하고 있다.

🗨 인터뷰 - 원영오

극단 노뜰은 1993년 강원도 원주에서 창단했다. 상업화된 극단에 맞서 예술의 고유성을 지키자고 시작했으나 너무 실험극에 매달리다 보니 2년 뒤 파산했다. 그때 1년가량 서로 흩어졌고 원 대표는 스페인의 한 극단에서 일했다. 그는 "지금도 생존 문제를 많이 고민한다"고 했다. 그 해결책을 해외단체와의 협업과 국내 투어 공연에서 찾으려 한다고 말했다. 극단 노뜰은 지금까지 50개 이상의 작품을 무대에 올렸는데, 그중 상당수를 해외(20여 개국 50여 도시)로 확대했다. 대표작은 '동방의 햄릿' '귀환' '베르나르다' '보이체크' '의자들' 등이 있다. 원 대표는 연출을 겸하고 있으며, 아내 이은아 씨는 배우다.

_ 극단 노뜰과 후용공연예술센터는 어떤 관계인가?

후용공연예술센터의 운영 주체가 극단 노뜰이다. 굳이 구분한다면 노뜰은 극단이고, 후용공연예술센터는 창작공간이다. 극단 노뜰은 경기도 부천에도 극장을 두고 있다. 그래서 후용공연예술센터는 다른 단체들도 사용할 수 있도록 허용하고 있다.

_ 입주 때 폐교는 어떤 상태였나?

후용초등학교는 2000년 3월 폐교됐다. 이를 우리가 임대한 것은 이듬해인 2001년이었으니 훼손이 크지 않았다. 하지만 사람이 살만한 공간은 아니어서 손을 많이 봤다.

_ 후용초등학교를 선택한 이유는?

너무 크지도, 작지도 않아 관리하기에 좋다는 생각에서 선택했다. 또 원주 시내는 물론이고 서울로부터도 가까워 이동하기에 좋았다.

_ 주민 관계는?

지금은 좋다. 그러나 처음부터 그랬던 것은 아니다. 노력을 많이 했다. 특히 나이가 비슷한 동네 청년들과 소통하려고 애썼다. 술도 마시고, 얘기도 나누고, 좋은 친구가 생기면 소문이 자연스럽게 좋아진다고 생각했다.

마을 아이들을 가르쳤던 것도 좋은 관계를 만드는 계기가 됐다. 아이들 교육을 통해 초등학생을 둔 어머니들에게 도움을 주었다. 아이들을 통해 그 어머니들을 만났고, 나중에는 부녀회를 중심으로 사물놀이팀을 만들었다. 벌써 5년째 강습하고 있다.

2006~2007년에는 마을 할머니들을 대상으로 중창단을 만들었다. 가족을 불러 발표회도 가졌는데 그분들 중 일부가 돌아가신 후 중단됐다. 원주의료생협과 연계한 한방체조와 건강상식 교육도 관계 도모에 큰 도움이 됐다.

마을지도 그리기도 마을사람들과 함께하는 프로젝트로 인기가 있었다. 마을의 역사를 지도로 정리하는 작업인데, 2014년 8월부터 시작해 아직 진행 중이다. 마을지도를 토대로 벽화와 같은 시각화 작업도 추진할 것이다.

_ **주민 관계에서 무엇이 문제인가?**

폐교 문화공간에 입주한 예술가의 경우 조용히 혼자서 작업하려는 경향이 있다. 주민 접촉도 최소화시킨다. 이런 상태가 지속되면 마을에서 고립되고 결국 정착에 실패한다.

후용공연예술센터 노뜰은 교육 프로그램 운영에 관심이 많다. 연극은 물론이고 영화, 음악, 국악 공연도 하고 있으며, 특히 어린이와 청소년을 위한 예술교육과 체험 프로그램, 국내외 예술가의 창작을 지원하는 '아티스트 인 레지던시(Artist-In-Residency)' 프로그램, 가족을 위한 연극 캠프, 예술가와 함께하는 워크숍 등을 다양하게 운영해왔다.

그중 주민 소통 프로그램은 폐교 문화공간 운영자로서 주목받을 만하다. 대표적인 것으로 '그 시절 언니들' '생활 속 관절체조' '풍물학교' 등이 있다.

_ 단원은?

10명 정도 상주하고 있다. 그중 3명이 주소를 옮겼다. 나머지는 서울이라 주말에 떠난다. 우리 부부는 아이가 없어 교육 부담도 없다.

_ 예산은?

공간 운영에 대해서는 지원받는 것이 없다. 폐교도 원주교육지원청 재산으로 돼 있어 개조하는 데 제약이 많다. 임대료는 연간 600만 원가량 된다. 그것도 감면을 많이 받는 편이란다. 개보수 비용은 가끔 나온다. 프로그램 예산은 강원문화재단과 한국문화예술위원회, 문화체육관광부 등으로부터 지원받았다. 원주시와는 관계가 나쁘지

옛 교실의 벽 흔적이 남아 있는 '교실극장' 내부

않지만 특별히 지원받는 것도 없다.

_ 폐교의 장점은?

공간이 크고 활용도가 높다. 특히 해외 예술가들과 작업할 때 체재비 부담이 큰데, 폐교 공간은 그런 고민이 적다. 후용공연예술센터도 40명가량 한꺼번에 체재할 수 있다.

_ 레지던시는?

그동안 재정도 지원했는데, 지금은 공간만 빌려주고 있다. 공연예술이 중심이나 가끔 시각예술 분야의 사람들도 찾아온다.

_ 축제는?

연극 전문인 중심의 워크숍 축제를 가져왔다. 2014년부터는 이를 일반 관객에게 공개했다. 매년 8월 열리는데, 2014년에는 국내 3개 단체, 해외 1개 단체, 해외 연출가 1명이 참가해 사흘 동안 축제를 가졌다. 관객은 서울과 경기, 원주 등에서 150~200명 정도 온다. 이곳은 강원도에 속하지만 서울 종로구까지 자동차로 2시간밖에 걸리지 않는다.

단원들. 원영은 제공

♠ 후용초등학교

후용초등학교는 1947년 3월 1일 문막국민학교 후용분교로 인가를 받았다. 1963년 6월 15일 후용초등학교로 승격됐다가 학생 수가 줄어 2000년 3월 1일 문막초등학교로 통폐합됐다. 폐교 당시 전교생은 40여 명에 불과했다. 교사는 3개 동으로, 그중 컨퍼런스룸이 1964년 AFA 자금으로 건립됐다. 벽면에 광성기업주식회사가 공사하고 원성군교육청이 감독했다는 내용의 팻말이 박혀 있다.

전화 033-732-0827
위치 강원도 원주시 문막읍 비야동길 11(후용1리 389)
대표 원영오
웹사이트 www.hooyongartscentre.com

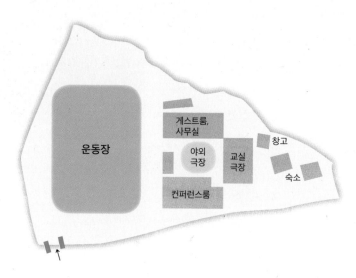

운동장

게스트룸,
사무실

야외
극장

교실
극장

창고

숙소

컨퍼런스룸

구복예술촌의 윤환수

봄이 왔다. 길 위로 봄이 다가왔다. 소리도, 향기도 없이 시나브로 도로 위를 성큼성큼 걸어왔다. 경남 창원 해양관광로에서의 봄맞이 다. 해양관광로는 진동삼거리(경남 창원 마산합포구)에서 저도연육교 에 이르는 20㎞ 남짓의 해안도로다. 이름이 거창하지만, 정작 자동차 여행을 좋아하는 사람들도 잘 모르는 숨은 코스다. 진동만을 막 벗 어나면 광암포구에 이른다. 여기서부터 시야가 확 트이면서 바다 풍 광이 쉼 없이 이어진다. 일부 구간에서는 등고선을 오르내리는 재미 도 있다. 낭떠러지 아래로 활짝 열린 포구와 어촌 풍경은 달리는 차 안에서도 눈에 확 띈다. 그 도로의 끝자락에 연육교가 있고, 그 다리 를 건너면 돼지가 누운 듯하다는 저도(猪島)가 위치한다. 저도연육교 에 못 미쳐 호수처럼 잔잔한 포구를 만나는데, 그 포구마을이 바로 해양수산부의 '전국 100대 아름다운 어촌마을'에 뽑힌 구복마을이 다. 포구 앞에는 마을 이름을 딴 '구복예술촌'이 자리 잡고 있다. 예 술촌 건물의 한 벽면에 커다랗게 그려진 천사의 날개는 방문 기념 촬 영물로 인기가 높다. 넓은 뜰에는 춤, 노래, 연극 공연이 가능한 무대 가 있고, 그 앞으로 수십 개의 대합 껍질에 색깔을 넣어 이어붙인 탑 조형물이 서 있다.

구복예술촌은 부산 출신의 서예가 겸 서각인인 석강 윤환수 선생 이 폐교인 반동초등학교 구복분교를 고쳐 1997년 문을 열었다. 예술

과 휴식, 마을 소통공간 등 복합적 기능을 목표로 한 구복예술촌은 전국 곳곳에 설립된 폐교 문화공간 중 하나이지만 당시만 해도 혁신 적이었다. 석강은 "임실 오궁리예술촌이 1994년 문을 열었지만 작가 중심의 폐쇄형 창작 스튜디오"라며 "주민 개방적인 폐교 문화공간은 1997년 개촌한 구복예술촌이 첫 사례"라고 주장했다.

구복예술촌은 다목적홀과 미술관, 창작 스튜디오 등이 있다. 그중 육각형의 다목적홀은 석강의 서각 작품을 상설 전시하고 있는데, 기 와와 나무, 황동에 판각한 가족 주제의 상형문자가 흥미롭다. 예술적 상상력을 배가하기 위해 하룻밤을 보내며 힐링을 하고 싶다면 숙박 을 요청해도 좋다. 석강 부부가 직접 지은 통나무 황토집은 가족 혹 은 단체로 숙박을 받는다.

석강 윤환수(65) 선생은 구복 예술촌 설립자 겸 촌장이다. 경남 창원에서는 꽤 유명한 서예가였으며, 특히 서각을 하는 서예가로 지명도가 높았다. 작품도 잘 팔렸다. 그는 1990년대 초 예술촌을 짓겠다며 농어촌을 들쑤시고 다녔다. 그때 우연

히 구복마을을 알게 되었고 1997년 경쟁 입찰을 통해 3년의 임대 계약을 따냈다. 당시 폐교가 쏟아질 때였지만 이를 문화공간으로 꾸밀 생각을 한 사람은 거의 없었다는 점에서 그는 도전자의 기질을 갖고 있었다. 그 대신 시련도, 시행착오도 많았다.

_ 폐교는 어떤 상태였나?

1997년 3월 폐교가 되고, 그다음 달에 들어왔다. 운동장과 50평 남짓의 교실 하나밖에 없던 분교였다. 아내(노향목, 60)와 둘이서 8개월 동안 고치고 또 고쳐 마을 이름을 딴 구복예술촌으로 1997년 11월 16일 문을 열었다.

_ 임대료는?

첫해에 725만 원을 냈다. 이후 관련법 개정으로 공시지가의 3%, 1%로 점차 감액받았고, 지금은 창원시로부터 임대료 지원을 받아 무상 임대나 다름없이 운영하고 있다.

_ 개조 작업은?

운동장은 정원으로 만들고, 교실 1칸과 창고, 숙직실이 있던 본관은 미술관으로 개조했다. 다목적홀, 황토집, 야외공연장, 창작 스튜디오는 건축 재료를 사와서 직접 새로 지어 지자체에 기부채납했다. 이를 위해 작품도, 아파트도 다 팔았다. 이제 돌아갈 곳도 없다.

_ 초기에 어려움이 많았다던데?

개촌 한 달 뒤 IMF 외환위기를 겪었다. 예술촌을 짓겠다며 당시 운영하던 서예학원을 담보로 빌린 8천만 원의 이자가 이때 30%까지 뛰었다. 부동산은 똥값이나 다름없었다. 결국 학원을 넘겼다. 2003년 태풍 매미가 왔을 때에는 운동장에 둔 작품이 몽땅 바다로 쓸려나갔다.

_ 바다예술제는?

지역 예술인을 초청해 예술축제를 열 계획을 처음부터 세웠고, 이를 실천한 것이 바다예술제다. 그동안 한 해도 거르지 않았다. 덕분에 내년(2016년)이면 20회를 맞는다. 전국 폐교 문화공간에서 이렇게 오랫동안 이어온 예술축제는 없다. 처음에는 하루만 했다. 기간이 점점 늘어 한때 5일 동안 진행하기도 했다. 프로그램이 다양하다. 40명 이상의 오케스트라를 초청한 적도 있다. 지난해에는 축제 기간이 너

무 긴 것 같아서 사흘로 다시 줄였다. 예산은 4천만 원 이상 든다. 그 중 경상남도 1천만 원, 창원시 400만 원의 지원금을 빼고 나머지는 직접 부담하고 있다. 작은 어촌에서 이 정도 규모의 축제를 벌이기가 쉽지 않다.

매년 8월 구복예술촌에서 열리는 바다예술제에는 전국에서 예술인과 관광객이 몰려와 주민들과 함께한다. 바다예술제를 통해 구복 마을은 전국적으로 유명해졌다. 그는 이후 청년 미술작가를 위한 '전시 페스티벌', 주민과 관광객을 위한 '토요무대', 입주 작가를 위한 '레지던시' 사업도 벌였다. 지금은 매년 6~10월 공연(격주 토요일)과 전시 행사를 격주로 열고 있다.

_ 방문자는?

바다예술제 기간 중에는 하루 300~500명이 찾아온다. 사흘 동안 축제를 하면 대략 1천~1천500명이 참가한다.

_ 주민 반응은?

어디서나 마찬가지이겠지만 처음에는 반응이 싸늘했다. 자기들의 학교를 외지 사람에게 빼앗겼다며 적대시한 주민도 있었다. 지금은 다 잘 지낸다. 그동안 노력을 많이 했다. 바다예술제 덕택에 마을 사람들은 다양한 예술을 향유하고 있고, 이런 진정성을 주민들도 이제 조금씩 알아가고 있다.

_ 주민 수익사업은?

바다예술제 때 관광객이 많이 오니 음식을 포함해 이런저런 수익사업을 하면 좋지 않겠느냐고 제안했는데 마을사람들은 시큰둥해했다. 양식업을 오래하다 보니 작은 수익에는 별 관심이 없는 것 같다. 한번은 마을 벽화를 제안했다. 그것도 외지 사람들이 마을을 기웃거리는 꼴이 보기 싫다며 거부했다. 이곳 사람들의 정서가 그렇다. 어린이와 청소년을 대상으로 하는 갯벌, 어장, 낚시 등 체험 프로그램도 기획했지만 주민들이 호의적인 반응을 보이지 않아 성과를 내지 못했다.

_ 레지던시는?

3년 동안 했다. 일부러 자비를 내어 2층 건물의 창작 스튜디오도 지었다. 그러나 성과가 좋지 않았다. 이런저런 갈등이 있었고, 이를 해소하기가 힘들어 지금은 중단한 상태다. 나도 예술가이지만 간혹 일부 청년 예술가들의 행동을 이해하기 힘들다.

♠ 반동초등학교 구복분교

반동초등학교 구복분교는 1968년 9월 10일 문을 열어 30년 동안 245명의 졸업생을 배출했다. 1997년 3월 1일 폐교로 남은 학생들은 모두 반동초등학교로 전학했다. 폐교 당시 토지 2,891㎡, 건물 총면적 168.13㎡였다.

전화 055-221-8797
위치 경남 창원시 마산합포구 구산면 해양관광로 1817(구복리 275-28)
입장료 무료 (체험비 5,000~25,000원, 숙박료 100,000~120,000원)

창작스튜디오(2층)

갤러리 · 작업실

국유지

정원
(옛 운동장)

황토방
(2칸)

공연장

다목적홀

창작스튜디오
1층 : 스튜디오 4칸
2층 : 스튜디오 1칸, 교육장

PART
06

폐교로 만든
이색 문화공간

영공방

경남 거제시 옛 숭덕초등학교 학산분교가 다시 아이들을 불러들였다. 거북선과 초가, 풍차 모형을 보고, 만지고, 심지어 그 속에 들어가서 노느라 아이들은 시간 가는 줄 모른다. 이들에게 폐교는 더 이상 문을 닫은 학교가 아니라 새로운 놀이터다.

거제와 통영을 잇는 신거제대교에서 그다지 멀지 않은 옛 학산분교에 영공방이 자리 잡은 것은 2003년 3월이었다. 거제대학 창업보육센터에서 이곳으로 공장을 옮기면서 외부 공간을 아예 아이들의 놀이터처럼 꾸며 개방한 것이다. 잔디가 곱게 깔린 운동장 한쪽에 실물과 거의 비슷한 크기와 모양의 거북선이 놓였다. 햇빛을 피해 몇몇 부모들은 거북선 아래에 돗자리를 펴고 앉았다. 에너지가 넘쳐나는 사내아이들은 운동장 곳곳에 설치된 모형을 즐기느라 이마에 땀이 송골송골 맺혔다. 거북선 모형은 내부 공간도 넓어 안으로 들어갈 수도 있다.

교문에 가까운 운동장 가장자리에는 기와집과 초가 모형이 자리 잡았다. 사람이 들어가 살 정도로 큰 것은 아니지만 아주 작은 것도 아니었다. 그럼에도 모든 재료는 실물과 같았다. 기와와 창, 방문, 기둥은 물론이고 초가의 이엉과 마루, 섬돌, 마루 아래의 장작, 돌담까지 세밀했다. 크기를 무시한다면 실물과 같다고 해도 과언이 아니었다. 초가 두 채 뒤로는 집채만 한 물레방아가 물을 튕기며 돌았

고 그 물은 목조다리 밑을 지나 어린이 수영장으로 흘러들었다. 늦은 여름이라 수영장 물은 채워지지 않았지만 한여름이라면 아이들의 함성이 크게 들릴 것 같았다. 우리나라 전통 가옥 앞으로는 서양 건축물 모형이 서 있었다. '영 스토어'라는 가게와 서양식 주택, 네덜란드 풍차도 있었다. 이들 모형은 제법 커서 아이들이 내부로 드나들며 놀았다.

거북선 뒤 건물은 '모형 체험실'이었다. 키트를 구입해 각 부품을 직접 끼워 맞추며 노는 공간이었다. 실내에는 이미 많은 아이들이 강사의 설명을 들으며 모형을 만들고 있었다. 정체를 알 수 없는 집도, 섬과 섬을 잇는 다리도 만들었는데, 정작 더 신이 난 것은 아이들과 함께 온 아빠들이었다. 내부 가장자리에는 영공방의 다양한 키트가 완성품으로 진열돼 있었다. 그중에는 세종대왕함, 거북선, 경복궁 근

정전 공포, 숭례문과 경회루도 있었다. 거북선의 경우 내부 일꾼과 장군, 총포까지 재현했다.

거북선 뒤쪽 건물은 옛 학교 본관을 개조한 공장이었다. 하지만 공장 가동을 위한 기계나 선반을 설치했을 뿐 옛 교실과 복도, 문짝 등은 그대로였다. 심지어 칠판과 그 위에 걸린 태극기 액자도 손을 대지 않았다. 다만, 책걸상을 치우고 그 자리에 각종 레이저 기기와 선반기계를 들여놓았을 뿐이었다. 몇 학년 몇 반의 교실 이름표에 생산실, 레이저실 등 작업장 이름이 대신 적힌 것이 변화의 전부였다. 두 동의 교실 사이의 틈은 가건물을 지어 하나로 연결시켰다.

💬 인터뷰 - 박영종

_ 영공방은?

모형 디자인 회사다. 처음에는 개인적인 공방으로 시작했는데, 하다 보니 규모가 커졌다. 모형은 '한국적인' 것만 고집한다. 거북선, 초가, 숭례문, 남한산성 거중기 등이 대표적이다. 하지만 시쳇말로 돈은 되지 않는다.

_ 직원은?

나를 포함해 23명이 있다. 그중 7명이 설계와 디자인을 맡은 연구자다. 그만큼 우리 제품을 출시하는 데 신경을 많이 쓴다는 얘기다.

_ 폐교에 들어온 이유는?

사옥을 지을 돈이 없었다. 폐교는 임대료만 내면 쉽게 사용할 수 있었다. 그러나 교육청 소유라 개조가 힘들었다. 부분적인 개조는 물론이고 나무와 잔디를 심는 것도 교육청 허가를 받아야 했다.

_ 공간은 왜 공개했나?

이곳은 학교다. 아이들 공간이라고 생각했다. 그래서 운동장에 아이들을 위해 모형 가옥과 거북선, 그네 등을 설치했다. 그것이 좋았는지 처음에는 주변 아이들이, 그 다음에는 입소문을 타고 부산에서도 부모와 함께 아이들이 찾아왔다. 우리 입장에서는 아이들이 직접 모형을 갖고 노는 과정에서 피드백을 받으니 제품 개발에 도움이 된다.

_ 어릴 때 모형 제작을 좋아했나?

고입시험을 앞두고 준설선과 바다트럭을 제작해 부산과학전람회에 출품할 정도로 혼이 빠져 있었다. 다행히 전람회에서는 특선을 받았다.

_ 제품은?

300종 이상 출시했다. 소량 다품종 전략이다. 그중 절반이 한국적 모형이다. 나머지도 특정 국가 이미지를 알 수 없는, 이른바 비행기, 배, 자동차와 같은 것들이다. 가격은 100만 원 이상의 대학 교재용도 있지만 대부분은 어린이도 구매할 수 있는 3천~4만 원대다. 조립 시간도 10~20분이면 된다. 재료는 플라스틱 대신 나무를 고집했다.

_ 사업은 잘 되나?

우리 것을 고집하면 장사는 잘 안된다. 에펠탑 모형을 만들면 더 잘 팔리겠지만 그것은 우리가 아니더라도 만들 수 있다. 그나마 영화 〈명량〉과 같은 사극물이 뜨면 매출이 영향을 받는다.

_ 향후 관심사는?

요즘은 근대 건축물에 관심을 두고 있다. 간이역, 파출소, 만물상회 등도 좋은 소재다. 사라져가는 근대 건축물을 모형으로 남겨놓고 싶기도 하다. 덕분에 한 대학으로부터 캠퍼스 내의 근대 건축물을 기념품 모형으로 대량 제작해달라는 요청을 받기도 했다. 최근에는 전원주택 모형을 만들어 내놓았는데, 귀농을 꿈꾸는 사람들로부터 인기를 끌었다.

영공방은 2000년 7월 19일 설립된 모형 제작업체다. 특히 거북선과 초가, 기와집 등 우리나라 전통 선박과 가옥을 모형으로 재현하는 기술이 뛰어나다는 평가를 받고 있다. 대표인 박영종 씨는 1981년 부산대 기계학과를 졸업한 뒤 거제 대우해양조선에서 줄곧 일했다. 부장을 끝으로 퇴직한 뒤 자신의 취미 생활 중 하나인 모형 제작 기술을 살려 영공방을 설립했다. 거제대학 창업보육센터에서 시작된 영공방은 2003년 3월 폐교된 숭덕초등학교로 옮겨왔다.

♠ 숭덕초등학교 학산분교

숭덕초등 학산분교는 1961년 3월 1일 개교해 1999년 9월 1일 문을 닫았다. 폐교 당시 3학급 37명의 학생이 있었으며, 이들은 모두 숭덕초등학교로 전학했다. 부지 5,507㎡, 건축 총면적 598.04㎡에 교사 2개 동, 숙직실, 화장실 등 모두 4개 동

건물이 있었다. 현재 임대 계약은 3년씩 이뤄지며, 영공방은 2018년 3월까지 계약된 상태다(거제교육지원청 정보공개 자료).

전화 055-637-6475
위치 거제시 둔덕면 거제남서로 5107(학산리 486-3)
대표 박영종
웹사이트 http://www.youngmodeler.com/

교도소영화촬영장

교도소 벽이 위압적이다. 잿빛 콘크리트 외벽에는 '법질서 확립'이라는 고딕체 글씨가 가지런히 붙었다. 좀 더 가까이 가면 '미래를 여는 선진교정 구현-교정'이라는 글자가 시커먼 철문을 뒤덮고 있다. 그 옆의 작은 창에도 쇠창살이 박혀 전체적인 분위기가 싸늘했다. 들어가기 전에 이름과 주소, 전화번호까지 방명록에 써야 한다. 이쯤 되면 진짜 교도소에 면회 간 느낌이다. 철문을 통과하면 넓은 운동장이 나오고 그 끝에 회색 페인트로 칠한 육중한 교도소 건물이 나타난다. 건물 입구에도 어김없이 교정을 강조한 글귀가 씌어 있다. '희망과 내일이 있는 교정'. 밖에서 보면 3층이지만 실제로는 2층 규모다.

내부에는 휴대 반입 금지 물품을 표기한 '안내말씀'도 붙어 있다. 마약, 총기, 흉기, 독극물, 주류, 담배 등이 죄다 반입해서는 안 될 물건이란다. 당연하다. 그 주변에는 '유치인 면회시간' 팻말도 있다. 금지구역(?) 안으로 들어가면 그동안 이곳에서 촬영된 영화 포스터를 만날 수 있다. 가장 잘 알려진 〈7번 방의 선물〉은 물론이고 〈홀리데이〉, 〈타짜〉, 〈해바라기〉, 〈거룩한 계보〉 등의 포스터다. 그런데 몇몇 영화는 제목조차 낯설다.

수감시설에 들어서면 더 이상 폐교 느낌을 받을 수 없다. 복도를 중심으로 양편에 감방이 들어섰다. 감방은 대부분 들어갈 수 없지만,

1층 독방과 2층 일부 수감시설은 관람과 체험이 가능하다. 1층 독방은 2012년 3~5월 방영된 20부작 드라마 '더킹 투하츠'에서 중국 공안에게 잡힌 김항아(하지원 분)가 수용된 곳이란다. 금방이라도 드라마의 한 장면이 떠오를 것 같다. 복도 천장에는 희미한 백열등 갓이 달려 있어 음습한 분위기가 느껴졌다.

익산 교도소세트장은 폐교를 개조한 영화촬영장이다. 2005년 영화 〈홀리데이〉를 제작하기 위해 영화사와 익산시가 협의해 조성했다. 그런데 정작 이곳의 기운을 한껏 받아 대박이 터진 것은 그 이후에 촬영된 영화 〈7번 방의 선물〉이다. 그동안 이곳에서 촬영된 영화나 드라마, 영상물은 수십 편에 이른다. 영화 매트릭스 감독인 워쇼스키 남매도 SF드라마 '센스8'을 이곳에서 촬영했다고 한다.

교도소세트장은 두 동의 건물로 구성됐다. 가장 큰 것은 2층 규모의 교도소 건물이고, 그 옆의 작은 것이 분장실과 대기실, 탈의실, 화장실 등으로 이용되는 별관이다. 폐교 이전의 다른 건물은 모두 철거

해 지금은 그 흔적도 찾을 수 없다. 운동장 주변에는 교도소를 실감
하게 하는 높은 담과 망루, 철문이 있다.

임태섭 제공

♠ 성당초등학교 남성분교

성당초등학교 남성분교는 1971년 3월 남성국민학교로 분리 독립했다가 학생 수
감소로 1999년 2월 성당초등학교로 재통합됐다. 학교 부지는 22,132㎡에 달하며,
교도소 건물로 사용되고 있는 본관은 총면적 2,613㎡다.

전화 063-859-3836, 5284
위치 전북 익산시 함낭로 207(와초리 154-4)
관람시간 10:00~17:00(월 · 화 휴관), 무료(사전예약 필수)
관리 익산시

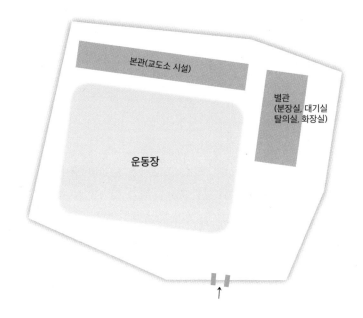

충주

맥타가트도서관

동량초
하천분교

충주 맥타가트도서관은 도서관보다 폐교 캠핑장으로 인터넷에서 더 유명하다. 운동장에 캠핑을 허용한 폐교는 더러 있지만 소, 염소, 토끼, 닭 등의 가축을 자유롭게 키워 캠핑 온 사람들과 함께 지낼 수 있도록 한 곳은 없다. 이들 가축은 사람을 무서워하기는커녕 오히려 다가가 장난을 칠 정도다. 그런 모습이 각종 블로그와 방송매체 등을 통해 알려지면서 네티즌 캠핑족들을 열광시켰다. 특히 어린이를 둔 가장이라면 으레 시골학교, 가축과의 교감을 위해 시간을 비워둘 만했다. 그 와중에 TV 오락 프로그램인 '아빠 어디 가'에 소개되면서 폭발적인 인기를 얻었다. 그러나 실제와 TV 속 풍경은 차이가 많았다.

그럼에도 폐교를 도서관으로 활용한 사례는 처음이라서 2014년 7월 이곳을 찾았다. 충주 시내에서도 자동차로 꼬불꼬불한 산길을 한참 더 달려 탄동마을에 이르러서야 오른쪽으로 폐교 진입로가 나타났다. 여기서도 가장 먼저 눈에 띈 것은 이곳이 '아빠! 어디가?'라는 프로그램에 출연했다는 증거의 현수막이었다. 그 옆에 서투른 손글씨로 '맥타가트도서관, 캠핑장 20m'라고 쓴 돌비가 있었다. 돌비 겉을 하얀 페인트로 덧칠했는데, 자세히 보니 옛 학교 명패가 붙어 있던 곳이었다. 안내된 표기대로 20m가량을 더 들어가자 교문이 나왔다. 적갈색 벽돌 한쪽에 '미라실로 377'이라는 새 도로명 주소판과 함께

맥타가트도서관, 한국영어영문학연구소 간판이 나란히 붙어 있었다.

교사와 운동장은 교문보다 한참 더 높은 곳에 위치했다. 계단 30여 개를 숨차게 올라가니 운동장이 나타났다. 운동장은 소문보다 더 휑뎅그렁했다. 곳곳에 손길이 닿지 않아 풀이 막 자란 흔적이 있었다. 운동장 한쪽에는 텐트 한 동이 일찌감치 자리를 잡았다. 젊은 부부였는데, 그 옆으로 검은 토끼와 흰 토끼 두 마리가 놀고 있었다. 사람이 있는데도 도망갈 생각을 하지 않았다. 적의가 없다는 사실을 아는 듯했다. 시골 초등학교 운동장이라면 으레 있기 마련인 느티나무도 가장자리에 있었다. 그 나무의 제법 굵고 튼튼한 가지에 타이어로 만든 그네가 걸렸다. 바닥에도 타이어 예닐곱 개가 나뒹굴었다. 특별한 목적을 위해 놓아둔 것은 아니겠지만 아이들은 이 타이어로도 충분히 재밌게 놀 수 있을 것 같았다.

　본관 건물은 2층짜리였다. 온전한 2층이 아니라 반토막만 2층이었다. 다른 한쪽은 옥상으로 사용됐다. 본관 건물 중앙홀 현관 머리 벽에 '맥타가트도서관'이라고 서투른 글씨체로 씌어 있었다. 폐교 전의학교 이름도 아마 그곳에 있었을 것 같았다. 도서관 글씨 아래에는 작은 현수막이 하나 걸렸는데, '박정근 교수 음악회. 2013년 8월 31일 오후 4시 맥타가트도서관 2층 강당'이라는 내용이었다. 이곳에서 여름에 무슨 일이 있었는지를 알리고 있었다. 본관 앞쪽에는 많은 학교에서 만났던 '독서하는 소녀상'이 서 있었다. 소녀상 바로 아래에는 '푸른 꿈을 키우자. 1989년 6월 25일 증(贈) 교장 정환문'이란 새 김 글씨가 보였다.

　폐교는 크지 않았다. 하지만 산골 깊숙이 자리 잡아 운치가 있었다. 캠핑하기에도 좋은 장소였다. 본관 건물 앞으로 세면대가 보였다. 지금은 더 이상 물이 나오지 않지만 한때 학생들이 이곳에서 손과 얼굴을 씻고, 때때로 마시기도 했을 것이다. 중앙홀로 들어가니 왼편에 '한국인보다 한국을 더 사랑한 교육의 성자, 맥타가트'라는 제목과 함께 A4 용지로 프린트한 신문기사가 붙어 있었다. 오른쪽에는 작은 책장 2개가 벽 쪽에 붙었다. 그중 한 책장에는 다양한 종류의 책이 비치됐다. 책장 위쪽에는 '맥타가트도서미술관 개관 기념 우리아비바생명 임직원 기증 도서 전달식. 2011.10.25.'이라는 표기가 있었다.

복도 한쪽에도 맥타가트 얼굴 그림과 한국에서의 그의 이력이 간단히 씌어 있었다. 일반인에게는 잘 알려지지 않았지만 맥타가트(아더 조셉 맥타가트)는 1915년 미국 인디애나 주에서 태어나 2003년 세상을 떠났다. 스탠포드대에서 박사학위를 받았고 대구의 미국문화원장과 서울대, 경북대, 영남대 초빙교수를 역임했다. 맥타가트는 이 도서관을 만든 오성현 관장의 은사이자 멘토라고 오 관장이 나중에 설명했다. 오 관장은 맥타가트를 27세 때 처음 만났다. 군대를 전역한 뒤 대학 2학년생으로 복학하면서 그를 만났고, 그의 도움으로 미국 유학을 마칠 수 있었다고 했다.

교실은 중앙 통로를 중심으로 왼쪽에 3칸, 오른쪽에 1칸, 그리고 2층에 2칸이 있었다. 그중 1층의 경우 맨 왼쪽부터 단체숙소, 개인 서재, 어린이책 열람실(2칸) 순으로 꾸몄고, 2층 교실 2칸은 벽을 터 갤러리로 만들었다. 2층 갤러리는 이정란 화백이 작업실로 사용하다 그가 떠나면서 남은 작품으로 꾸몄다. 음악회나 세미나도 이곳에서 열렸다.

폐교 이전까지 교무실이던 서재에는 영어책이 많았다. 한여름인데도 지난겨울의 난로가 서재 한가운데에 놓여 있었다.

　운동장에 캠핑이 허용된 것은 2002년부터였다. 당시 영어 도서관을 구축하는 중이었는데, 민물낚시와 캠핑을 온 사람들이 그에게 텐트를 쳐도 괜찮은지 물었다. 그때만 해도 별 생각 없이 "그렇게 하라"고 했는데, 이후 시나브로 소문이 났다. 당시만 해도 폐교에서의 하룻밤 캠핑은 특별했다. 게다가 폐교 운동장에 온갖 가축이 놀고 있으니 아이들에게는 신기한 풍경이었다.

　오 관장은 "가족행사가 많은 5월이나 방학에는 15~20개의 텐트가 운동장에 진을 친다"고 말했다. 텐트가 15개라면 아이들을 합쳐 대략 50명이 생활하는 셈이다. 요즘은 텐트당 3만 원을 받는다. 텐트 칠 자리가 부족하면 옥상도 내어준다. 캠핑족들은 다시 방문하면서 자신의 집에 있던 어린이 책 수십 권을 들고 왔다. 오 관장은 "당초 영어전문 도서관을 기획했기 때문에 어린이 책이 전혀 없었다"며 "그러나 캠핑을 통해 어린이들이 많이 오면서 어린이 책이 없는 것을 아쉬워한 부모들이 하나둘 가져다 놓았다"고 했다. 이런 상황이 네티즌을 통해 세상에 알려지면서 요즘은 아예 어린이 책을 후원하는 기업도 생겼다. 충주시립도서관도 2014년 6월 600권을 기증했다. 영어전문도서관이 시나브로 어린이도서관으로 바뀌고 있는 것이다. 어린이가 먼저 찾고, 책이 오고, 다시 어린이가 찾는 선순환이 이뤄지고 있었다.

　오 관장은 "캠핑 와서 읽는 책이 더 재밌는 모양"이라며 "텐트 속은 물론이고 도서관 곳곳에 앉거나 눕거나, 혹은 바닥에 드러누워서 책을 읽어도 나무라는 사람이 없으니 아이들이 더 열심히 책을 읽는 것 같다"고 답했다. 책을 읽다가 지루하면 금방 밖에 나가 토끼랑 놀고, 그것도 지루하면 교실로 다시 들어와 칠판에 분필로 낙서 놀이를 한다. 칠판에는 아이들이 남긴 분필 흔적이 많았다. 변화는 여기서 그치지 않았다. 캠핑족 중에는 그림을 잘 그리는 사람도 더러 있었는데, 이들은 오 관장의 허락을 받아 교실 벽과 창문에 어린이를 위한 그림을 그려주었다.

그와 인터뷰하는 사이에 어둠이 내렸다. 초록 풀은 점점 검은색으로 변했다. 그때 토끼들이 사방에서 튀어나왔다. 서로 엉켜 뛰고, 장난도 쳤다. 갇힌 동물과는 분명히 달랐다. 아이들도 이렇게 자라야 한다는 생각이 들었다. 마음대로 생각하고, 마음대로 행동하면서 자유를 만끽할 수 있어야 하는 것이다. 맥타가트도서관은 허름하다. 그러나 그 덕택에 아이들이 좀 더 자유롭게 숨을 쉴 수 있는 것은 아닌가, 하는 생각이 들었다. 자연과 폐교, 캠핑…. 서로 다른 단어가 묘한 조화를 이뤘다.

💬 인터뷰 - 오성현

_ 언제, 어떻게 들어왔나?

대구가 고향이다. 가정형편이 좋지 않아 어렵게 공부하다 맥타가트 교수를 만났다. 그의 도움으로 미국 유학을 마친 뒤 줄곧 서울과 충주 지역 대학에서 겸임교수로 일했다. 이곳에 정착한 것은 2011년인데, 충주 세명대에 있을 때 가끔 온 것이 계기가 됐다. 당시 학교는 폐교된 지 16년이나 지난 상태였다. 앞서 유리공예를 하던 사람이 이곳에 있었다고 들었다. 나는 3번째 임대자다.

_ 임대료는?

1천만 원을 냈는데, 최근 도서관 덕택에 임대료가 줄었다. 도서관이 교육사업이기 때문이다.

_ 어떤 일을 했나?

초기에는 지역 아이들을 대상으로 영어를 가르쳤다. 초중고 학생은 물론이고 대학생도 있었다. 그러나 3년째 접어들 무렵 하나둘 빠져나가고, 지금은 중학생 몇 명만 남았다.

_ 교육청과의 관계는?

나쁘지 않다. 언론과 인터넷에 자주 소개된 뒤 전국적인 명소가 되면서 관계가 더 좋아졌다. 지붕 방수를 포함해 큰 작업의 비용도 교육청이 부담하고 있다.

_ 일상은?

단조롭다. 아침 일찍 일어나 산책한 뒤 밥 먹고 풀을 뽑는다. 나머지는 공부하는 데 시간을 다 보낸다.

♠ 동량초등학교 하천분교

동량초등학교 하천분교는 1938년 5월 17일 동량공립심상소학교 부설 하천간이학교로 인가받았다. 1946년 4월 1일 하천공립국민학교로 승격했고, 1949년 11월에는 하천국민학교로 이름을 바꿨다. 1950년 5월 제1회 졸업생(6년제)이 배출됐고, 1965년에는 인근에 지동분교(단급 분교)도 거느렸다. 지동분교가 1971년 6월 신축 교사를 지어 이전한 1972년 3월, 지동국민학교로 독립했다. 하천국민학교도 하천리 305번지에서 손동리 336번지의 신축 교사로 옮겼다. 1985년에는 지동국민학교를 다시 지동분교로 흡수했다. 그러나 이촌향도에 따른 학생 수 감소를 견디지 못해 1990년 3월 동량초등학교 하천분교로 격하됐고, 5년 뒤인 1995년 2월 문을 닫았다. 폐교 당시 2학급 14명의 학생이 있었고 교원은 2명이 전부였다. 부지는 3,542㎡, 건축 총면적은 691.58㎡였다. 학적부는 동량초등학교에 보관돼 있다(충청북도교육청기록관 웹사이트[http://www.cbe.go.kr/site/archive]).

전화 043-851-5258
위치 충북 충주 동량면 미라실로 377(손동리 336)
관장 오성현

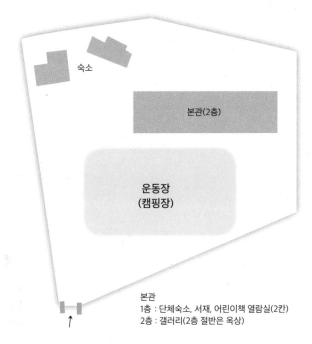

본관
1층 : 단체숙소, 서재, 어린이책 열람실(2칸)
2층 : 갤러리(2층 절반은 옥상)

물건초

햇빛이 좋았다. 국수산(348m)에서 내려오는 바람도 시원했다. 하지만 햇빛도, 바람도 미조항 앞으로 펼쳐진 남해 바다에 미치지는 못했다. 이런 풍경이 한눈에 보이는 해오름예술촌은 전국적인 관광지로 잘 알려진 남해독일마을에서 가까웠다. 그러다 보니 주말이 아닌데도 해오름예술촌 주변 도로는 늘 관광버스로 몸살을 앓았다. 평일인데도 해오름예술촌 입구의 도로까지 주차된 자동차가 꼬리를 물었다. 그 틈을 겨우 벗어나 해오름예술촌에 들어갔다. 정문 문설주에는 학교 이름 대신 '남해예술창작스튜디오'와 '해오름예술촌'의 나무

현판이 걸렸다. 현판 내용으로만 본다면 창작촌이 옳았다. 그러나 이름과 달리 이곳은 박물관으로 더 많이 사용되는 듯했다.

운동장은 어수선했다. 관광객이 많았다. 예술가들이 상주하며 창의력을 발휘하는, 조용한 예술촌과는 거리가 멀었다. 운동장 곳곳에는 크고 작은 조각품이 많았지만 누구의 작품인지 알 수 있는 이름표는 단 하나도 없었다. 그저 사람들의 눈길을 끌어 함께 기념사진을 찍는 대상에 불과했다. 얼핏 봐도 예술가의 작품 같지 않았다.

본관 건물은 지붕과 전면부를 유럽풍으로 개조했다. 유리와 철골을 적절히 사용해 모자이크처럼 만든 것이 시선을 끌었다. 시설도 많았다. 본관 건물을 중심으로 오른쪽에 목촌 서효석의 공예체험장, 장작가마, 가스가마가 있었고, 왼쪽에는 관광안내소(주말에만 사용)와 아트숍, 토끼장, 허브농장, 커피숍이 위치했다. 곳곳에 개조작업 흔적이 있었지만 전체 골격은 거의 바꾸지 않았다. 화단에는 과거 학교마다 있었던 '공산당이 싫어요'의 이승복 동상이 금칠된 채 방치돼 있었다.

본관은 2층으로 구성됐는데, 1층의 경우 민속자료 전시실, 복도 전시실, 추억의 옛날 교실 전시실, 일반 전시실, 전통문화체험장, 복

도 갤러리로 짜였고, 2층은 1, 2전시실, 미니어처의 세계, 테라스가 있었다. 그중 1층의 민속자료 전시실과 복도 갤러리에는 수레바퀴, 괘종시계, 소쿠리, 쟁이, 가위, 장롱 등이 특별한 분류 없이 놓여 있어 '전시'라는 말이 무색했다. 민속자료는 정금호 촌장이 30년간 전국을 순회하며 수집한 것이라고 했다.

남해예술창작스튜디오 해오름예술촌은 폐교된 지 8년 동안 방치된 물건초등학교를 정 촌장이 3년가량 단장해 2003년 5월 개촌했다. 당초 예술창작 활동을 지원하고 지역민에게 문화예술에 대한 평생학습의 기회를 제공하겠다는 취지로 시작했으나 지금은 오히려 가족 단위 나들이객들의 휴식 장소로 더 큰 인기를 끌고 있다. 특히 도예, 알 공예, 칠보 공예 등 전통 공예 체험장이 인기 있었다. 정 촌장은 "매년 20만 명 이상이 찾는다"고 답했다. 예술촌 옆에는 허브농장도 있었다. 해오름예술촌은 폐교 공간 중 상업화에 가장 성공한 모델로 평가되고 있다.

♠ 물건초등학교

물건초등학교는 1963년 7월 11일 개교해 1999년 9월 1일 문을 닫았다. 폐교 당시 4학급 51명의 학생이 있었고, 재산은 대지 12,064㎡, 건물 총면적 1,192.64㎡였다.

폐교 재산은 2000년 11월 14일 남해군이 구입했고, 이로부터 3년 뒤인 2003년 5월에 지금의 남해예술창작스튜디오 해오름예술촌으로 바뀌었다.

전화 055-867-0706
위치 경상남도 남해군 삼동면 동부대로 995(물건리 565-4)
대표 정금호 입장료 2,000원
웹사이트 www.sunupart.co.kr

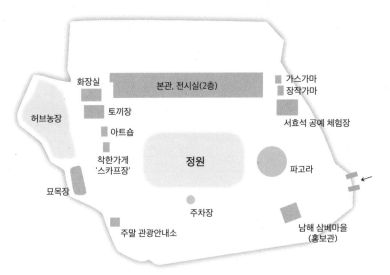

화장실
본관, 전시실(2층)
가스가마
장작가마
허브농장
토끼장
서효석 공예 체험장
아트숍
착한가게
'스카프장'
정원
파고라
묘목장
주차장
남해 삼베마을
(홍보관)
주말 관광안내소

PART
07

공공 복합문화공간

예맥아트센터

왕산초
목계분교

강릉 예맥아트센터는 관리가 잘된 폐교 공간이었다. 건물 자체로
는 폐교 이미지를 거의 떠올릴 수 없었다. 다만, 폐교 직전의 명칭이
초등학교가 아니라 국민학교였다는 데서 문을 닫은 지 꽤 오래됐다
는 사실을 짐작할 수 있었다.

　예맥아트센터는 잔디 운동장(너른마당)을 마주보며 일자형 교사를
개조한 교사동(문화예술 교육 공간과 사무실)이 있고, 그 뒤로 게스트
하우스 3개동(반딧불이, 미리내, 솔바람)과 야영장, 식당(솔향관), 전시실
(카페 캘러리), 야외무대(다람쥐극장)가 위치했다. 그중 본관 건물은 교

사동으로, 좌측 입구 벽면에 '꿈꾸는 나무'라는 제목의 부조물이 있었다. 2012년 9월 관동대 염미란 교수와 시각디자인학과 학생들이 합동으로 제작한 작품인데, 푸른 지구를 위해 아름다운 삶과 예술, 자연을 노래하며 꿈꾸는 나무를 표현했다고 적어놓았다. 버려진 병을 높은 열로 납작하게 만든 뒤, 나무를 상징하는 부조로 재탄생시킨 것이 이채로웠다.

교사동 내부에는 교실을 리모델링한 세미나실, 문화사랑방, 독서실, 교무실, 화장실 등이 있었다. 교사동 뒤쪽의 피아노처럼 꾸며놓은 옛 급수대도 눈길을 끌었다. 카페 갤러리는 복층 구조였다. 1층은 카페나 교육장으로 쓰고, 2층은 갤러리로 사용했다.

이곳은 1995년 폐교 이후 15년 동안 방치되었다가 지금처럼 청소년 문화예술 공간으로 개조된 것은 2009년 1월 29일이다. 강릉문화원이 강릉교육지원청으로부터 부지와 건물을 매입했다. 예맥아트센터 개장식은 그해 11월 10일 열렸지만, 부대시설인 게스트하우스와 식당, 갤러리 등은 개장 후에도 여러 차례 공사를 통해 개조 혹은 신축됐다. 운영주체인 강릉문화원은 개장 이후 솔향녹색학교(5~10월 유·초등학생과 문화소외계층 대상의 전통문화 및 녹색교육), 국악꽃학교(국악 체험 캠프), 꿈나무 문화예술학교(방학 중, 문화예술 체험 캠프), 숲속

여름캠프, 숲속연극놀이교실, 에코맘 프로젝트, 강원도 문화기반시설 담당자 연수 등을 가져왔다.

♠ 왕산초등학교 목계분교

왕산초등학교 목계분교는 1963년 11월 22일 개교해 31년여 만인 1995년 3월 1일 문을 닫았다. 졸업생은 322명이었고, 재산은 부지 37,057㎡, 건물 총면적은 359.28㎡였다.

전화 033-823-3014
위치 강릉시 왕산면 목계리 358-9
관리 강릉문화원 웹사이트 http://www.ymart.or.kr/

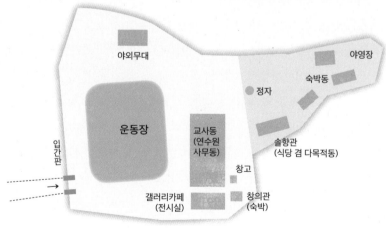

논산

KT&G상상마당 논산

한천초

'KT&G상상마당'이라는 커다란 간판을 논둑에서 본다는 것이 처음에는 난감했다. 도대체 여기서 뭘 어쩌자는 것인지, 하는 생각이 들었다. 학생들도 다 떠난 농촌에서 이런 시설이 소용 있을 것 같지도 않았다. 위성지도를 봐도 직경 2㎞ 안의 원내에 잡히는 것은 농토와 탑산(219m)뿐이었다. 상상마당은 그러나 허허벌판 같은 이곳에서 상상 이상의 꿈을 키우고 있었다. 주변의 농촌 아이들은 물론이고 도시 아이들까지 일부러 찾아올 수 있도록 폐교를 완전히 새로운 시설로 바꿔놓았다. 대기업의 사회공헌 사업 중 하나로 추진된 것이기는 하지만 생짜배기가 아니라 기존의 폐교를 재활용했다는 사실이 KT&G상상마당논산의 존재 의미를 다시 생각하게 했다.

초록 잔디가 깔린 운동장은 넓고 시원했다. 운동장에는 아빠와 함께 온 아이들이 공놀이를 하고 있었다. 운동장에서 가장 먼저 눈길을 잡은 것은 갤러리였는데, 생김새가 생텍쥐페리의 소설 『어린왕자』에 나오는 보아뱀 같았다. 어른들의 고정관념과 형식의 틀을 벗어나 상상력을 마음껏 펴라는 뜻에서 그렇게 디자인했단다. 갤러리는 신축 건물로, 디자이너 작품 전시장과 디자인 숍, 어른아이책방 등으로 구성됐다. 디자이너 작품 전시장은 국내 신진 디자이너의 상품을 전시하는 공간으로, 전시 자체가 방문하는 아이들에게 상상력을 자극했다. 이곳에서는 기업의 팝업 스토어, 브랜드 런칭도 더러 열렸다. 디

자인 숍은 이른바 '독립 디자인 브랜드' 제품을 판매하는 곳이었다. 로마네, 제이스토리, 디자인코비 등의 제품이 진열됐는데, 제품 성능에 비해 홍보가 덜 된 제품이었다. 어른아이책방은 방문자의 독서공간이었다. 책방은 매주 수~일요일 개장했다. 갤러리 옆에는 유아를 위한 미니 풀장이 자리 잡았다. 그 앞으로 카페, 아틀리에 겸 세미나실, 숙박동(2개동)이 있었다. 2층 구조인 아틀리에 겸 세미나실과 숙박동은 기존 교사동을 개조했다. 운동장을 향해 가로로 길게 누운 본관은 사무실, 미디어실, 포토라운지, 스튜디오, 식당 등으로 구성됐고, 그 옆으로 새로운 숙박동을 하나 더 지었다. 입구 오른쪽의 육중한 건축물은 아트홀(1층) 겸 게스트하우스(2층)였다.

KT&G상상마당 논산은 폐교된 한천초등학교를 개조해 2011년 6월 개관했다. 총 9개 동의 건물에 갤러리, 아트홀, 카페, 숙박, 교육공간, 식당, 미니수영장 등을 갖춰 지역의 부족한 문화 인프라를 보완하고 주민의 문화예술 향유권을 확대하는 데 활용되고 있다. 특히 미래 세대인 청소년을 위한 시설이 많아 폐교 이전의 교육 기능도 크게 기대된다. 프로그램은 주말 상설, 단체, 테마캠핑, 힐링 톡톡, 청춘마켓, 이벤트 등이 있다. 그중 주말 상설 프로그램은 예술체험, 아트

클래스, 일일체험 등으로 또다시 구분된다. 예술체험은 종이나 진흙으로 인형을 만드는 아트 토이(1만 5천 원), 재활용 노트를 만드는 착한 디자인 등의 프로그램이 있다(KT&G상상마당 논산 홈페이지[http://nonsan.sangsangmadang.com]).

♠ KT&G와 KT&G상상마당

KT&G는 담배 제조업체다. 모태는 1899년 대한제국 궁내성 내장원 삼정과다. 이후 1948년 재무부 전매국, 1952년 전매청으로 개편됐고, 1987년 한국전매공사로 거듭났다. 이때까지 국내 담배시장에서 제조와 판매의 독점권을 행사했다. 담배시장이 개방된 1989년 한국담배인삼공사로 이름을 바꿨고, 1997년에는 공기업 경영구조 개선 및 민영화에 관한 법률에 따라 상법상 주식회사로 전환했다. 2002년 12월에는 임시주총을 통해 회사 이름을 KT&G로 바꿨다. KT&G의 2014년 매출액은 4조 원, 영업이익은 1조 원을 웃돌았다.

KT&G상상마당은 2015년 5월 현재 서울 마포구 홍대(2007년 9월 개관), 충남 논산(2011년 6월), 강원도 춘천(2014년 4월) 등 전국 3곳에서 운영되고 있다. 홍대 앞의 상상마당은 지상 7층, 지하 4층의 신축 건물이고, 춘천 상상마당은 춘천시 어린이회관과 강원체육회관, 두 개 건물을 개조한 분리형 복합문화공간이다. 용도는 조금씩 다르나 공연장과 스튜디오, 갤러리, 연습실, 카페 등은 기본 시설로 설치돼 있다.

♠ 한천초등학교

한천초등학교는 1962년 4월 5일 상월초등학교 한천분교실로 문을 열었고, 2년 뒤인 1964년 한천분교로 승인받았다. 또 2년 뒤인 1966년에는 한천국민학교로 승격했다. 30년 동안 한천리 일대의 학생들을 끌어모았던 한천초등학교는 지역 주민들이 하나둘 고향을 등짐에 따라 1992년 3월 1일 폐교됐다(교육부 정보공개 자료).

전화 041-734-6980
위치 충남 논산시 상월면 한천길 15-20(한천리 68-7)
관리 KT&G 웹사이트 http://nonsan.sangsangmadang.com

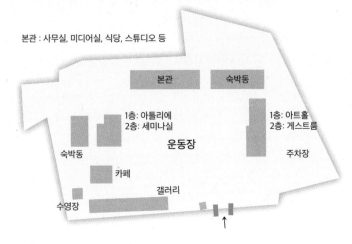

본관 : 사무실, 미디어실, 식당, 스튜디오 등

본관

숙박동

1층: 아틀리에
2층: 세미나실

1층: 아트홀
2층: 게스트룸

숙박동

운동장

주차장

카페

갤러리

수영장

감만창의문화촌

부산

동천초

부산 남구 감만창의문화촌은 여러 측면에서 주목을 받을 만하다. 규모와 위치부터 그렇다. 대개의 폐교가 1~2층 규모인 반면에 감만창의문화촌은 무려 5층 건물이다. 위치도 중심부는 아니지만 변두리라고 볼 수도 없다. 주변에는 크고 작은 아파트촌과 대형 마트가 있고, 관공서와 상가도 많기 때문이다.

이런 곳의 학교가 왜 문을 닫았을까, 하고 궁금했는데 해답은 의외로 쉽게 얻을 수 있었다. 인근에 같은 이름의 동천초등학교가 있었던 것이다. 즉, 동천초등학교는 폐교가 아니라 이전 학교였다. 새 교사가 생겨 학교를 옮기면서 건물과 부지가 그대로 남은 것이다. 이전한 새 교사도 직선거리로 250m 정도밖에 떨어지지 않았다. 학교 이전에 대해 부산시교육청 측은 "컨테이너 차량의 통행으로 학생들의 통학 안전이 위협받고 차량 소음도 심했기 때문"이라고 말했다.

문을 닫고 2년 동안 방치된 동천초등학교 옛 부지는 2012년 2월 부산시가 인수하면서 재활용의 길을 텄다. 부산시는 당시 동천초등학교 옛 부지와 건물을 83억 원에 인수한 뒤 개조 작업을 거쳐 2013년 11월 감만창의문화촌으로 문을 열었다. 감만창의문화촌은 5층 건물(건축 총면적 6,237㎡)과 운동장, 주차장 등으로 구성된다. 개조 비용은 각종 시설의 철거와 새 집기 구입 등을 포함해 35억 원이 들었다.

감만창의문화촌의 개촌은 부
산에서 의미가 크다. 폐 공간을
파괴하는 게 아니라 재활용의 대
상으로 본 첫 사례였기 때문이
다. 부산시는 2012년 '소프트 파
워 100대 시책'을 선포하면서, 그
첫 사업으로 옛 동천초등학교의
재활용을 추진했다. 큰돈 들이

지 않고 시설을 재활용하면서 삶의 질과 도시 품격을 높이겠다는 정
책 의지를 실천한 것이다. 부산시는 이에 따라 기존 학교 건물을 최
소 비용으로 최대한 활용하자는 '재생 원칙', 주민 의견을 충분히 반
영해 창의적이고 미래 지향적인 시설을 도입하자는 '주민 창의 원칙',
상충되지 않는 시설의 상생적 활용을 위한 '복합 활용 원칙', 향후 자
립을 목표로 하는 '자립 우선 원칙' 등 4대 원칙을 내세웠다.

이 때문에 감만창의문화촌은 개촌 때부터 문화와 복지가 동거하
는 형태로 운영되고 있다. 'ㄱ'자 모양의 감만창의문화촌 건물은 본·
별관으로 나뉘는데, 본관을 부산문화재단이, 별관을 감만종합사회
복지관이 전용하고 있는 것이다. 하지만 아직까지 문화와 복지의 동
거에 따른 시너지 효과는 나타나지 않고 있다.

시설은 본관(건축 총면적 4,576㎡)의 경우 1층 대표이사실, 기획경영
실, 접견실, 부속실, 창고, 감만사랑방, 2층 문예진흥실, 부산문화예
술교육지원센터, 부산문학관 창작도서실, 멀티미디어실, 도움방, 3층
나눔방, 배움방(2개), 이사장실, 세움방 등으로 구성돼 있다. 4, 5층은
기존 교실 공간을 좀 더 잘게 쪼개 온틔움방, 틔움방(16개), 샤워실,
어울림방, 단체연습실, 연습실, 물품보관실, 대기실, 샤워실 등이 들

어섰다. 엘리베이터를 설치한 것도 다른 폐교 문화공간과 차별화된다. 엘리베이터는 건물을 리모델링하는 과정에서 새로 설치했다. 사무공간을 제외한 모든 공간은 시민들에게 대관된다. 대관료는 어울림방의 경우 시간당 5천~1만 원(주말은 시간과 상관없이 1만 원) 선이다. 거의 무료나 다름없다.

감만종합사회복지관이 입주한 별관(총면적 1,661㎡)은 1층 노인주간보호센터, 경로식당, 조리실, 2층 사무실, 물리치료실, 자원봉사자실, 3층 육아용품대여점, 프로그램실, 상담실, 4층 컴퓨터실, 프로그램실, 바오로공부방, 5층 감만꿈터도서실, 프로그램실 등으로 재구성됐다.

참고로, 부산문화재단은 부산지역 문화예술 활성화와 지역문화의 정체성 확립을 목적으로 2009년 1월 100억 원의 예산으로 출범한 부산시 출자기관이다. 2018년까지 10년 동안 500억 원의 재원을 조성하는 계획이 세워졌고, 조직은 크게 문예진흥(문예진흥실)과 예술교육(부산문화예술지원센터)으로 나뉜다. 산하에 홍티아트센터, 원도심 창작공간 또따또가, 인디 트레이닝센터 등을 두고 있다.

♠ 동천초등학교

1981년 5월 27일 개교한 동천초등학교는 2001년 5층을 증축해 대강당과 컴퓨터실을 확보했고, 2010년 3월 1일에는 이웃한 석포로 26번길 22의 신축 교사로 옮겨졌다. 감만창의문화촌이 들어선 곳은 옛 동천초등학교 부지로, 본관(지하 1층, 지상 5층)과 1층 규모의 부속 건축물 7개 동(부지 8,456㎡, 건축 총면적 6,237㎡)이 있었다. 그중 본관에는 교실 60칸과 대강당이 자리 잡았다.

전화 051-745-7248
위치 부산 남구 우암로 84-1(감만동 78)
관리 부산문화재단 웹사이트 http://gamman.busanartspace.or.kr

본관
1층 : 감만사랑방, 방재실, 기획경영실, 부속실, 대표이사실, 집견실
2층 : 문예진흥실, 부산문화예술교육지원센터, 도움방, 멀티미디어실, 부산문학관 창작도서실
3층 : 나눔방, 배움방1,2, 이사장실, 세움방
4층 : 온틔움방, 틔움방1~14, 샤워실
5층 : 어울림방, 틔움방15~16, 단체연습실, 연습실, 물품보관실, 대기실(남/녀), 샤워실

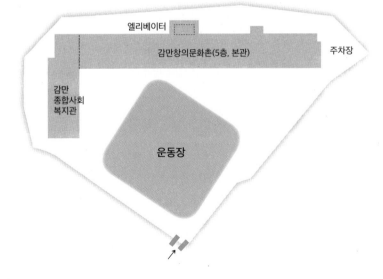

경남예술창작센터

산청

고읍초

산청은 오지에 가깝다. 통영대전중부고속도로가 지나고 있지만 숙박이나 편의시설이 여의치 않다. 이 때문에 인근의 함양에서 숙박을 하는 여행자가 흔하다. 그 산청에서도 더 깊은 오지가 생초다. 농사 말고는 거론할 것이 없다. 그런데 경남예술창작센터가 위치한 곳이 바로 생초면의 한 들녘이었다. 남강 상류와 임천이 만나 경호강으로 이름을 바꾸는 지점이었다. 산과 강, 들이 한곳에 모이니 풍경이 참 좋았다. 이곳을 여름에서 가을로 바뀌는 계절의 이른 아침에 찾았다. 주변은 옅은 안개가 자욱했다. 길가의 파란 '경남예술창작센터' 입간판을 보지 못했다면 그냥 지나칠 뻔했다. 담장도 없이 건물 두 동만 남은 폐교 부지는 안개 속에서 약간은 을씨년스럽게 보였다.

교사 두 동은 학교 규모에 비해 넓은 운동장을 사이에 두고 마주보며 섰다. 정문에서 오른쪽 건물이 교육동이고, 왼쪽이 창작동이었다. 교육동 뒤로는 폐교 당시의 작은 부속건물 5개 동이 위치했다. 교육동은 게스트 룸(4실), 다목적실, 스튜디오, 사무실로 구성됐고, 창작동은 다목적실과 스튜디오(5실)로 이뤄졌다. 이밖에 야외 작업장과 야외 공연장이 있었다. 경남예술창작센터는 시각예술가들의 창작 작업을 위한 시설이라 대중에게 개방되지 않았다. 창작실 문을 개방하는 이른바 '오픈 스튜디오'는 매년 두 차례, 사나흘 정도만 이뤄졌다. 전시도 입주 작가를 소개하는 프롤로그전과 작업성과를 가늠하는

결과전이 전부여서 작가들을 만나기가 쉽지 않았다. 2012년 8월 '제 1기 입주작가 프롤로그전'이 열렸고, 그해 12월에는 '제1기 입주작가 결과전-평촌리 662'가 개최됐다. 이 같은 프롤로그전과 결과전은 지금도 매년 열리고 있는데, 2014년 말 현재 입주 작가는 5기를 맞았다. 기별로 입주 작가는 5~6명으로, 이들은 경남지역 신진작가 중에서 선발된다.

입주 작가는 지역연계 활동을 의무적으로 해야 한다. 경남예술창작센터의 다목적실 혹은 해당 학교의 교실에서 이뤄지는 지역연계활동은 2012년 개촌 이후 매년 1~4차례 이뤄졌다. 2014년에는 어르신 문화강좌(미술치료 프로그램-2014년 8월), 예술가로 꿈꾸기(생초초등학교 벽화 그리기-2014년 8월) 등이 추진됐다.

경남예술창작센터는 경남문화재단이 운영 주체다. 이곳은 정서적으로 오지에 속하지만 작가들 입장에서는 자동차로 2분이면 산청IC를 통해 전국으로 갈 수 있어 오히려 교통이 좋은 길목으로 인식되고 있다.

♠ 고읍초등학교

고읍초등학교는 1947년 2월 25일 문을 열어 52년 동안 운영되다 1999년 3월 1일 폐교됐다. 남은 27명의 학생은 생초초등학교로 전학했다. 폐교 당시 토지는 8,626㎡, 건축 총면적은 811.61㎡에 달했다. 고읍초등학교 부지와 건물은 2004년 6월 22일 수의계약으로 산청군이 사들였다(산청교육지원청 정보공개 자료).

전화 055-213-8032
위치 경남 산청군 생초면 왕산로 453(평촌리 662)
관리 경남문화재단

교육동

창작동

대구

대구미술광장 & 가창창작스튜디오

용계초
정대분교

가창초 우록분교

대구에는 폐교를 재활용한 창작 스튜디오가 두 곳 있다. 둘 다 가창면에 있는데, 최정산(915m)을 사이에 두고 동, 서에 위치하고 있다. 그중 대구미술광장은 대구시 지원으로 대구미술협회가 운영하며, 가창창작스튜디오는 대구문화재단이 직영하고 있다. 창작 스튜디오라서 둘 다 40세 이하의 청년 작가를 육성하는 데 초점을 두고 있다.

최정산 서쪽에 위치한 대구미술광장은 2008년 12월 공식 개장했다. 하지만 용계초등학교 정대분교가 폐교된 직후인 2001년부터 이미 '미술광장'이란 이름으로 활용됐다. 당시에도 대구미술협회가 운영했는데, 지역 예술인 창작활동과 전시회, 시민 예술강좌 장소로 주

로 사용됐다. 지금은 미술대학 졸업을 앞둔 예비 작가를 대상으로 한 창작 스튜디오로 더 많이 활용되고 있다. 목적이 좀 더 명확해진 셈이다. 특히 모든 입주 작가에 대해 오픈 스튜디오를 표방하며, 작가와 평론가 1:1 워크숍, 그룹 워크숍, 공개 프리젠테이션 등을 통해 입주 작가들이 신진 작가로 성장할 수 있도록 돕고 있다. 2015년 현재 입주 작가는 6명(7기생)으로, 2015년 3월부터 12월 말까지 이곳 스튜디오를 사용할 수 있다. 참고로 1기 5명, 3기 8명, 나머지 기수는 6명씩이었다.

시설은 창작 스튜디오 2개 동, 야외 공연장, 흙가마, 가스가마, 야외 화장실 등이 있으며, 그중 야외 공연장을 제외한 나머지 시설은 기존 폐교 건물을 재활용했다. 핵심 시설인 창작 스튜디오는 창작실 5실(20평 3실, 10평 2실)과 전시실(13평), 아트숍, 도자기실로 구분됐다.

입구에 커다랗게 놓인 '대구미술광장' 표석을 지나면 운동장 일부를 콘크리트 포장한 주차장이 나타나고, 그 주변에 조각품이 여럿 설치돼 있다. 덕분에 대구 시민들이 산책 삼아 이곳을 즐겨 찾는다. 이들을 위해 운동장 한쪽에 야외 공연장도 설치했다. 본관 창작 스튜디오는 중앙홀을 중심으로 왼쪽에 창작실, 오른쪽에 전시실과 아트숍을 두었다. 오픈 스튜디오를 표방하지만 작업 몰입을 돕기 위해 창작실 입구에는 별도의 문을 달아 일반인 출입을 최소화시켰다.

최정산 동쪽에 위치한 가창창작스튜디오는 2007년 가창초등학교 우록분교를 개조해 만든 현대미술 창작공간으로 창작실이 없는 신진 작가를 주 대상으로 하고 있다. 9년 동안 90여 명의 국내외 작가들이 이곳에 머물며 창작 활동을 했고, 그 결과와 흔적을 스튜디오 곳곳에서 찾을 수 있다. 해외작가도 의무적으로 유치해 해외 교류의 지역거점 공간으로도 활용하고 있다. 시설은 스튜디오 12실(66㎡ 4실, 33㎡ 8실), 옥외 작업장(70㎡), 전시실 2실(각 66㎡), 사무실, 회의실, 숙소 2실(각 11㎡), 주방, 식당 등이 있다. 본관은 2층 건물로 폐교 전까지 교실 8칸이 있었다고 한다.

가창창작스튜디오는 첫인상이 좋았다. 붉은 감색 페인트로 지붕과 골조 등을 칠해 전체적인 색상이 밝았다. 특히 본관 건물은 2층짜리인데, 옛 교실 이름

을 창문에 그대로 남겨놓아 정감이 느껴졌다. 각 작가의 스튜디오는 교실 1칸 혹은 절반을 사용하도록 했다. 그중 교실 1칸을 다 사용하는 임도훈 작가는 "한쪽 구석에 침대를 놓아 휴식을 취하면서 작업을 할 수 있다"고 말했다. 본관 스튜디오 뒤로는 컨테이너 식당과 취사실, 해외작가 숙소, 사무동이 있다. 사무동은 대구문화재단 직원의 사무실과 전시실(2개), 회의실이 자리 잡았다. 사무동도 붉은 감색 페인트로 칠해졌으나 취사실은 노란 개나리색으로 도색됐다. 굵은 철사와 철 구슬을 소재로 만든 임도훈 작가의 커다란 조형물이 본관 입구와 놀이터, 뒤뜰 등에 설치돼 좋은 눈요깃거리가 됐다.

♠ 용계초등학교 정대분교 & 가창초등학교 우록분교

용계초 정대분교는 1994년 문을 닫았다. 대지는 4,846㎡, 건축 총면적은 531㎡다. 2013년 4월 현재 공시지가는 3억 8천914만 원(건물 1천만 원). 대구시가 대구시교육청으로부터 무상 임대를 받아 사용하고 있다.

가창초등학교 우록분교는 2007년 문을 닫았다. 대지는 8,158㎡, 건물 총면적은 991㎡다. 2013년 4월 현재 공시지가는 13억 2천500만 원(건물 1억 8천200만 원)으로 평가받고 있다.(교육부 정보공개 자료)

대구미술광장
전화 053-653-8121
위치 대구 달성군 가창면 헐티로 486(정대리 273-1)
관리 대구미술협회 웹사이트 http://www.dgartsquare.co.kr/

가창창작스튜디오
전화 053-767-1202
위치 대구 달성군 가창면 가창로 57길 46(삼산리 795)
관리 대구문화재단 웹사이트 http://www.gcartstudio.or.kr/

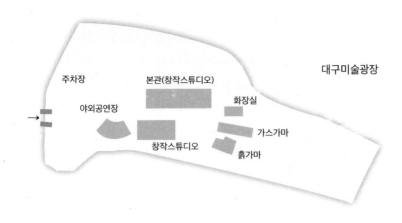

대구미술광장

주차장
본관(창작스튜디오)
화장실
야외공연장
가스가마
창작스튜디오
흙가마

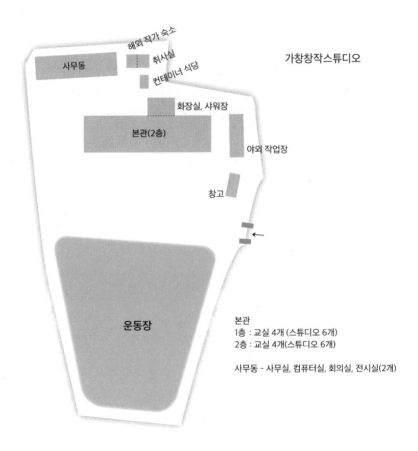

가창창작스튜디오

해외 작가 숙소
사무동
취사실
컨테이너 식당
화장실, 샤워장
본관(2층)
야외 작업장
창고

운동장

본관
1층 : 교실 4개 (스튜디오 6개)
2층 : 교실 4개(스튜디오 6개)

사무동 - 사무실, 컴퓨터실, 회의실, 전시실(2개)

영월, 폐교 재활용으로
'박물관 특구' 되다

박물관 고을, 영월

강원도 영월은 스스로 '박물관 고을'이라고 홍보하고 있다. 박물관이 그만큼 많다는 것이다. 2014년 기준으로 영월의 박물관과 미술관은 무려 23개(천문대 포함)에 달했다. 인구 4만 명의 소도시가 이 정도의 박물관을 가지고 있다는 것 자체가 놀라운 일이다. 그것도 거의 다 민간 박물관이다. 소장품을 가진 민간인을 영월로 불렀다는 것인데, 그 소장자들은 왜 서울이나 부산처럼 대도시가 아닌 이곳에 박물관을 세우려 했을까?

영월미디어기자박물관 고명진 관장은 "당초 아내 고향인 단양으로 갈 생각이었다"고 답했다. 그런데 단양에서 가까운 영월에서 폐교를 박물관 공간으로 내어준다는 소문을 듣고 신청했다가 덜컥 받아들여졌단다. 이후 그는 스스로 영월지기가 됐다. 박물관 이름도 미디어기자박물관이 아니라 영월미디어기자박물관이라고 지었다. 그랬다. 영월은 박물관을 유치하는 데 다른 지자체와 확연히 다른 성의를 보였다. 폐교 공간을 아낌없이 주었고, 그것도 무상 임대 조건으로 내어주었다. 다른 지자체에서는 무상 임대의 위력을 아직 깨닫지 못하고 있다.

인도미술박물관도 다르지 않았다. 박여송 관장은 "영월과 아무런 연고가 없는데, 박물관을 세우겠다고 하니 영월군이 폐교 공간에 대해 무상 임대 계약을 해주었다"고 답했다. 시설에 대한 고정 비용이 없으니 박물관을 운영하는 비용도 덩달아 줄었다. 박 관장은 "고정 비용에 대한 걱정이 없어 관람객이 적어도 큰 걱정을 하지 않는다"고 말했다.

영월에서 현재 가장 오래된 박물관은 2000년 7월 개관한 조선민화박물관이다. 이듬해에는 국제현대미술관이 문을 열었고, 2002년에는 묵산미술박물관과 영월곤충박물관이 잇따라 들어섰다. 또 5년 뒤인 2007년 12월에는 호야지리박물관과 영월화석박물관이 1주일 간격으로 개관했다. 2008년과 2009년에도 호안다구박물관과 쾌연재도자미술관, 세계민속악기박물관과 영월아프리카미술박물관이 문을 열었다. 영월종교미술박물관과 베어가곰인형박물관(2012년 폐관했다가 2013년 12월 재개관)은 2010년 개관했다. 그러나 영월에서 가장 중요한 해는 2012년이었다. 이 해에 영월미디어기자박물관, 영월초등교육박물관, 인도미술박물관 등 5곳이 새로 문을 연 것이다.

영월군은 2005년부터 신활력 사업의 하나로 박물관 고을 육성사업을 펼치고 있다. 그 결과가 2008년 12월 '박물관고을특구'의 지정으로 나타났다. 영월지역 박물관은 이를 계기로 사단법인 영월박물관협회를 결성했다. 정보 교류 및 홍보, 연구발표회, 학술지와 회지 발간, 체험 및 전시 프로그램 지원, 전문인력 양성 등을 집약적으로 돕고 있는 것이다.

영월에는 협회에 등록된 박물관 외에도 박물관에 준하는 시설이 많다. 동강과 서강이 만나는 해발 799.8m의 별마로천문대(2013년 10월 개관), 난고 김병연의 생애와 문학세계를 담은 난고김삿갓문학관(2003년 10월), 억울한 죽임을 당한 단종을 기리며 설립한 단종역사관(2002년 4월), 사진을 통해 동강의 아름다움을 홍보하고 자연환경을 지키자는 뜻으로 설립한 동강사진박물관(2001년 9월), 동강의 동·식물과 생태 자원을 한눈에 볼 수 있는 동강생태정보센터(2010년 4월), 우리나라 최초의 동굴 전시장인 영월동굴생태관(2009년 9월), 석탄을 주제로 과거 영월 사람들의 삶을 재현한 강원도탄광문화촌(2009년 10월), 디지털 신기술의 활용과 홍보에 초점을 맞춘 동강디지털소사이어티(2012년 5월) 등이 모두 그런 경우다.

흥미로운 것은 국제현대미술관(영월초 삼옥분교), 영월곤충박물관(문포초), 인도미술박물관(금마초), 영월미디어기자박물관(신천초 여촌분교), 초등교육박물관(마차초 문곡분교 본관), 근현대생활사박물관(마차초 문곡분교 별관), 디지털소사이어티(옥동초 주석분교), 쾌연재도자미술관(연당초 웅정분교), 호안다구박물관(녹전초 내리분교), 아프리카미술박물관(봉래초 진별분교), 연리지문화센터(운일분교) 등 11개 박물관이 폐교 공간을 재활용(영월군청 정보공개 자료 참조)했다는 점이다.

물론 시행착오가 없었던 것은 아니다. 또 모든 박물관이 안착한 것도 아니다. 영월 최초의 박물관인 영월책박물관(1999년 4월 개관)은 오히려 영월이 박물관 특구로 지정된 직후인 2010년 문을 닫고 떠났다. 별마로천문대도 설립 초기에 큰 곤욕을 치렀다. 심지어 새로 바뀐 군수는 천문대의 가치를 무시해 개관 당시 이를 다 부수려 했다고 이대암 별마로천문대 초대 대장이 말했다. 별마로천문대는 그로부터 2년 뒤 영월의 랜드마크가 됐다. 이대암 대장은 "우리나라 공무원들은 새로운 길을 가려고 하지 않는 속성이 있다"며 "그저 앞서 성공한 길만 쫓아가니 똑같은 것들이 전국에 널려 있다"고 비판했다.

영월은 7~8월 여름 관광지다. 하지만 요즘은 사시사철 관광객이 찾는다. 그중 상당수가 박물관을 찾는 사람들이란다.

국제현대미술관

영월초
삼옥분교

시골 폐교를 개조한 미술관이라는 선입견 때문에 큰 기대를 하지 않았다. 그러나 눈앞에 펼쳐진 풍경은 완전히 달랐다. 주변 풍광부터 관람자를 압도했다. 미술관 뒤로 별마로천문대가 자리 잡은 봉래산(802m)이 우뚝 솟았고, 그 산의 보폭만큼 굽어진 동강은 굵고 파란 울음으로 멀리 흘러가는 중이었다. 8월 늦여름이라 산천은 더 푸르렀다. 국제현대미술관은 삼옥1리 마을회관 옆에 자리 잡았는데, 생각보다 위치가 좋아서 폐교가 된 이유가 문득 궁금했다. 그러나 마을에서 서너 시간을 보내도 밖에 나와 노는 아이가 없었다. 마을회관을 드나드는 어르신들도 간혹 보일 정도였다. 젊은 부부와 아이들은 죄다 이곳을 등졌던 것이다.

교문이 있던 자리에는 남녀를 상징한 조각상 두 점이 서 있었다. 어른보다 더 큰 키 때문에 올려다보였지만 주변을 압도하는 풍모는 아니었다. 두 조각상을 지나자 오른쪽에 매표소가 나타났다. 그 옆 대리석 사각기둥을 지지대 삼아 연결해놓은 현수막이 사찰의 탱화처럼 보였다. 현수막은 인쇄가 아니라 손글씨였다. 레지던시 프로그램과 전시회에 대한 설명

이었다.

　운동장은 넓었다. 온통 초록의 풀밭 위로 희고 검은 대리석 조각품이 곳곳에 설치됐다. 이곳 주인인 박찬갑 선생의 작품이 가장 많았지만 다른 사람의 것도 적지 않았다. 박팔용의 '삼산이수', 바보사 윌리엄의 '선 긋기', 박우미의 'From Nature' 등이 눈에 띄었는데, 박찬갑 관장은 "야외에 전시된 것만 100여 점에 달한다"고 답했다. 전체 소장품은 3천500점가량으로, 그중 2천500여 점이 박 관장의 개인 작품이고, 나머지는 외국 작가로부터 기증받은 것이라고 했다. 박 관장은 "고향인 산청 작업실에도 500점 정도 있으니 전체 소장품은 4천 점에 이를 것"이라고 설명했다.

　본관 앞으로 낯익은 이름이 보였다. 부산대 교수이자 시조시인인 임종찬이었다. 그의 시조 '귀뚜라미'가 돌에 새겨져 있었다. 두 사람의 관계가 궁금했지만 따로 묻지는 않았다. 운동장 저편에는 레지던시 프로그램을 위한 열린 작업장이 있었다. 작업 과정을 공개하고 있

다는 알림막이 눈길을 끌었다. 작업장 뒤의 단층 건물이 레지던시 작가들의 숙소로 보였다.

💬 전화 인터뷰 - 박찬갑

2014년 8월 국제현대미술관을 찾았다. 하지만 박찬갑 국제현대미술관장은 그날 서울에 볼일이 있어 미술관을 비우는 바람에 만나지 못했다. 인터뷰는 2015년 3월 23일 전화로 이뤄졌다.

_ 개관은?

2000년 11월 2일 국제현대미술관으로 문을 열었다. 하지만 이곳에 처음 들어온 것은 1999년 8월로 기억된다. 폐교라서 이것저것 정리하는 데 시간이 꽤 걸렸다. 그전까지 경기도 이천에 작업실이 있었는데, 이곳으로 작품을 다 옮기는 데 2년 넘게 걸렸다.

박찬갑 국제현대미술관장은 1940년 경남 산청에서 태어났다. 서울과 경기도에서 주로 활동하다 1999년 폐교인 영월초등학교 삼옥분교로 귀촌했다. 그의 귀촌은 영속적인 작품 활동과 경쟁 없는 노후를 위해서였다. 자연과 함께 살면서 좀 더 자연적인 작품에 매진하고 싶었다고 그는 말했다. 비평가들은 그의 예술세계에 대해 '있는 것에서 없는 것을 찾아가는 과정'이라고 썼다. '새'의 날갯짓 과정을 거쳐 '인간 군상'에 이르기까지 삶에 대해 집요하게 물음으로써, 그는 일관된 생명적인 것을 추구했다는 것이다. 그의 작품세계에 나오는 인간 군상은 박제된 틀 안에 갇혀 있는 듯 부자유스러운 몸짓을 보인다. 간결하면서도 군더더기 없이 절제된 조형세계가 애절했다.

_ 영월과의 인연은?

1999년 우연히 이곳에 왔다가 그해 폐교를 작업실로 사용해야겠다는 생각을 가졌다. 처음에는 영월교육지원청으로부터 임대했는데, 2~3년 뒤 영월군청이 이를 매입해 무상으로 빌려주었다. 덕분에 지금은 임대료를 내지 않고 있다.

_ 폐교의 장단점은?

무엇보다 넓은 부지가 좋다. 폐교가 아니라면 이만한 규모의 부지를 개인 조각공원으로 만들 수 없다. 모든 시설은 기부채납을 조건으로 하고 있어 부담스럽지만 계속 사용할 수 있다면 충분히 납득할 수 있다.

_ 레지던시는?

많을 때는 14명까지 있었다. 모두 조각가였다. 그러나 2013년부터 회화 분야 작가를 몇 명씩 초청하고 있다. 2014년에는 조각가 3명, 회화 5명으로 역전됐다.

_ 큐레이터는?

영월이 박물관 특구로 지정된 뒤 큐레이터 1명이 5개 박물관을 관리할 수 있게 됐다. 우리도 그런 큐레이터와 에듀케이터를 두고 있다. 참고로 한국사립미술관협회에 2012년 12월 가입해 현재 1종 미술관 지위를 얻었다. 에듀케이터 임금도 협회로부터 지원받는다.

_ 지원은?

2000년 개관 때부터 시작한 동강 뉴 아트밸리 프로젝트전에 대해 정부로부터 지원받았는데, 2014년 끊겨 지금은 자립하려 애쓰고 있다.

그는 요즘 전국 곳곳에 자신의 조각품을 설치하는 재능 기부에 나서고 있다. 더 많은 사람들이 자신의 작품을 보며 마음의 위안을 얻었으면 좋겠다는 뜻이라고 말했다. 2014년 울산지방법원 신청사 건립 상징조형물, 2012년 서울북부지방법원 소조각공원도 그의 작품을 위주로 조성됐다. 2014년 8월에는 서강대 영성교육관에 '하늘에 열린 마음의 문'이란 제목의 조각품을 기증했다.

그는 부산유엔기념공원과 한국민속촌 총감독을 역임했다. 이천 국제조각 심포지엄을 창설했고 김천직지문화공원 총감독, 국제조각가친선협회장도 맡았다. 개인전은 우리나라는 물론이고 일본, 덴마크, 미국, 프랑스 등에서 모두 45회 가졌으며, 그룹전은 무려 380여회 초대됐다. 그는 2002년 프랑스 낭트 동양조각공원 개관 기념으로 '영원한 우정의 샘물' 작품을 현지에서 제작해 설치했고, 2001, 2003년 프랑스미술협회 초대전에 참여하는 활동을 통해 그 협회의 정회원으로 등록됐다.

♠ 영월초등학교 삼옥분교

영월초등학교 삼옥분교는 1954년 4월 13일 문을 열어 45년간 운영되다 1999년 3월 1일 폐교됐다. 폐교 당시 2학급 9명의 학생이 남았고, 재산은 부지 8,023㎡, 건물 총면적 743.835㎡(8개 동)였다. 폐교는 2003년 11월 11일, 3억 4천600만

원의 수의계약으로 영월군이 취득했고 현재 국제현대미술관에 무상 임대하고 있다.(교육부 정보공개 자료)

전화 033-375-2752
위치 강원도 영월군 영월읍 삼옥길 31(삼옥리 590-2)
관장 박찬갑
관람시간 09:00~18:00, 입장료 5,000원

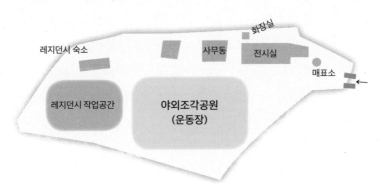

영월곤충박물관

영월곤충박물관은 2015년 4월 동강생태공원 내로 옮겨졌다. 박물관과 함께 곤충 관련 시설 규모도 크게 늘었다. 곤충산업육성지원센터와 천연기념물곤충연구센터가 동시에 설치된 것이다. 곤충산업육성지원센터는 건축 총면적 2,928㎡에 지상 2층 규모이며, 천연기념물곤충연구센터는 장수하늘소 증식과 복원을 연구하는 곳으로 지상 2층에 사육실과 연구실, 전시실, 홍보영상실 등을 갖췄다.

다시 말하면 영월곤충박물관은 더 이상 폐교 시설을 활용한 문화공간이 아니다. 그럼에도 기록을 남기려 하는 것은 그동안의 성과가 적지 않았기 때문이다. 폐교 공간이 갖는 한계 때문에 새로운 시설로 옮겨졌지만, 이렇게 새 보금자리를 찾게 된 것도 다 폐교 문화공간의 활용 덕분이었다.

폐교인 영월곤충박물관은 2002년 5월 5일 어린이날 개관했다. 표본과 살아 있는 곤충을 전시해 생생한 자연을 보여주는 것을 목표로 삼았다고 이대암 관장은 말했다. 전시실은 생태 사진실, 나비 및 나방류 전시실, 갑충 및 잠자리 전시실, 영월 및 동강 곤충 전시실 등 4개로 나뉘었고, 나비와 나방, 물방개 등 3천여 점의 곤충을 상설 전시했다. 제1전시실에는 나비와 나방류 500종 1천여 점, 제2전시실에는 갑충과 잠자리 등 500종 1천여 점, 제3전시실에는 영월과 동강 유역의 서식 곤충 900종 1천여 점, 제4전시실에는 생태사진이 전시됐

다. 영월은 남방과 북방 한계가 겹치는 경계 지점으로 다양한 곤충이 서식하고 있어 우리나라 곤충 생태 연구에 중요한 지역이라는 것이 이 관장의 설명이었다.

💬 인터뷰 - 이대암

_ 개관은?

1999년 임대한 뒤 3년 동안 준비해 2002년 5월 5일 영월곤충박물관으로 문을 열었다. 당시 폐교는 영월교육지원청 소유였는데, 2001년 영월군청이 매입해 무상 임대했다. 영월에 연고는 없었다.

_ 폐교 상태는?

문포초등학교는 벽돌 건물로 바꾼 지 3년 만에 폐교가 됐다. 그러니 새 건물이나 다름없었다. 하지만 페인트를 칠할 데가 많았고, 운동장도 오랫동안 방치돼 풀이 많이 자랐다.

_ 입주 때 문제는?

당시 주민들은 이곳을 장례식장으로 사용하려 했다. 그래서 주민들을 상대로 아이들이 뛰놀던 곳인데 장례식장으로 바꾼다는 것은 잘못된 발상이라며 아이들을 위해 곤충박물관을 짓겠다고 설득했다. 그럼에도 반대가 많았다. 주변에 흔한 것이 곤충인데, 왜 하필 죽은 곤충을 모아놓는 곤충박물관이냐고 힐난했고, 일부는 차라리 비닐하우스 농사를 짓는 데 지원하라며 영월군청을 압박했다. 그런 과정을 거쳐 우리나라 최초의 곤충박물관이 탄생했다. 지금은 관광객만 연간 3만 명이 찾는다. 최대 5만여 명이 온 해도 있었다. 그 사람들이 다 영월에 와서 돈을 쓰니 이제 시비를 거는 사람은 거의 없다.

_ 영월군청은 어땠나?

지금 영월군청은 폐교 재활용 정책에서 가장 성공한 지자체로 통한다. 그러나 곤충박물관을 세울 때만 해도 폐교 활용에 대한 개념이 없었다. 당시 영월에는 박물관도 두 개밖에 없었는데, 곤충박물관 유치를 적극적으로 추진한 담당 공무원이 쓸데없는 짓을 했다는 이유로 외곽지로 쫓겨가기도 했다.

_ 곤충은?

30년 넘게 채집했다. 박물관을 만들기 전부터 채집된 자료가 많았다.

_ 프로그램은?

처음에는 정부 지원을 받기 위해 노력했다. 하지만 교육이나 행사

참여 등 조건이 점점 까다로워 요즘은 자제하는 편이다. 인력과 공간, 시간 낭비도 심하다.

_ 폐교 재활용에 대해?

교육청 소유의 폐교는 문화예술 측면에서 아무런 소용이 없다. 원상복구 조건이 붙어 아무것도 설치할 수 없다. 기껏해야 창고다. 교육청 공무원들의 마인드도 문제가 많다. 아무리 법을 지킨다고 하더라도 바늘 하나 들어갈 구멍이 없을 정도로 너무 엄격하게 법을 적용한다.

이대암(60) 관장은 곤충뿐 아니라 별 연구에서도 탁월한 성과를 냈다. 하지만 전공은 건축학이고, 대학(세경대)에서도 건축디자인과 교수로 재직했다. 그는 충남 조치원 출신으로 서울에서 거주하다 1995년 영월로 왔다. 그 이유가 영월이 별 연구에 가장 좋은 환경(도시 불빛이 많이 없다는 것)을 갖췄기 때문이었다. 그는 폐교된 문포초등학교를 영월곤충박물관으로 개조해 그 건물의 옥상에 사설 천문대를 설치했고, 매일 밤하늘을 탐사한 끝에 2003년 6월 소행성 7602호를, 2010년에는 한국인 최초로 신성을 발견하는 성과를 이뤘다. 별마로천문대 초대 대장과 사단법인 곤충자연생태연구센터 이사장을 역임했고, 천연기념물 장수하늘소의 인공 증식에 성공한 과학자로도 명성을 높이고 있다. 저서는 『동강의 곤충』, 『영월곤충기』, 『구름 쉽게 찾기』, 『한국인이 꼭 알아야 할 우리 곤충 200가지』 등이 있다.

♠ 문포초등학교

문포초등학교는 1964년 2월 15일 문을 열어 35년간 운영되다 1999년 9월 1일 폐교됐다. 폐교 당시 부지는 5,107㎡, 건물 총면적은 614.62㎡다.

전화 033-374-5888
위치 강원도 영월군 북면 영월로 1229(문곡리 604-1)
관장 이대암
관람시간 09:00~18:00(동절기 10:00~17:00, 월요일 휴관),
입장료 5,000원
웹사이트 http://www.insectarium.co.kr/

본관 : 사무실, 티켓박스, 복도 전시실

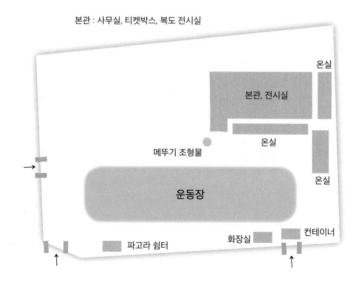

인도미술박물관

금마초

인도미술박물관은 다른 폐교 문화공간과 외관부터 많이 달랐다. 학교 건물을 그대로 두었음에도 앞부분은 인도 델리의 '붉은 성'처럼 보였다. 누가 봐도 인도 관련 박물관이라는 생각이 들 정도로 외관 개조를 잘 했다. 개관 석 달 만에 1천 명의 관람객이 찾았다는 말도 이런 외관 개조에 대한 정성을 볼 때 결코 빈말이 아닐 수 있겠다는 생각이 들었다. 본관은 운동장과 연결된 계단을 한참 밟고서야 이를 수 있을 정도로 높은 지대에 자리 잡았다. 이 때문에 노약자나 장애인을 위한 승강기를 본관 오른쪽에 따로 설치해두었다. 운영자의 따

뜻한 배려가 느껴졌다.

중앙홀은 매표소와 아트숍, 휴게실을 겸했다. 옛 교무실과 중앙홀
을 합친 구역 같았다. 다리를 교차시켜 춤을 추고 있는 시바신상이
한쪽에 놓여 있고, 그 옆으로 용도를 알 수 없는 철제 용기가 있었다.
휴게실의 붉은 코끼리 의자도 흥미로웠다. 전시실은 모두 4개였다.
중앙홀 오른쪽으로 이어진 교실 3개와 복도를 전시실로 활용했다.
그중 복도와 교실을 가로막은 벽의 창문을 완전히 틀어막아 복도 갤
러리를 독립된 공간으로 만든 것이 이채로웠다. 바닥은 옛 교실의 마
루를 그대로 사용해 추억을 떠올리게 했다.

1, 2전시실은 그림이 중심이었다. 1전시실의 경우 안드라 프라데시
지역의 칼람카리 페인팅, 서 벵갈 지역의 두루마리 페인팅, 라자스탄
지역의 파타 페인팅, 카시미르 지역의 세밀화를, 2전시실은 비하르
미틸라 지역의 마두바니 페인팅, 마하라슈트라 타네 지역의 왈리 페
인팅을 전시했다. 3전시실은 조각을 주제로 부처상, 힌두신상, 나가
판넬, 곤드 부족민 조각, 탈 조각, 부장품 등을 모아놓았고, 복도 갤
러리는 섬유·철제 공예품과 도기, 테라코타 등을 비치했다. 중앙홀

왼쪽 교실은 수장고와 체험실로 활용되고 있다고 했다. 수장고 관람을 요청했으나 받아들여지지 않았다. 운동장 왼쪽에 위치한 별관은 명상센터로 활용되고 있다. 주민과 방문객을 상대로 인도 요가를 가르치는 시설이라고 했다.

체험 프로그램은 왈리 페인팅(30분, 1만 원), 인도 명상그림 '콜람'(30분, 7천 원), 인도 블록 페인팅(30분, 1만 2천 원), 천연헤나(20분, 4천 원), 인도 의상 체험(30분, 3천 원), 인도음식 체험(1시간, 1만 5천 원) 등이 있었다. 1박 2일 코스의 인도문화 체험 프로그램도 있는데, 1인당 5만 원을 받는다.

💬 인터뷰 - 박여송

_ 영월과의 인연은?

연고는 없다. 박물관 특구로 지정된 뒤 영월군이 박물관을 유치하는 데 동의했을 뿐이다. 오고 나니 좋았다.

_ 폐교 상태는?

일자형 단층 건물인데, 납작하고 볼품없었다. 개조 작업은 두 달

정도 걸렸다. 3년 갱신 조건으로 영월군청과 무상 임대 계약을 맺고 있다.

_ 운영은?

적자는 아니다. 생각보다 사람들이 많이 찾아온다.

_ 주민 관계는?

나쁘지 않다. 인도영화 상영과 인도음식 체험, 노인 대상의 요가 무료 프로그램을 통해 주민들과 잘 지내려 노력하고 있다.

_ 인도와의 인연은?

1981년 남편인 백좌흠 교수와 함께 인도에서 3년간 살았다. 그때 인도 전통염색인 '칼람카리'를 배웠고, 백 교수는 인도지역학을 연구했다. 이후 거의 매년 인도를 여행했다. 소장품은 그 과정에서 수집한 것이다.

_ 소장품은 얼마나?

1천 점에 달한다. 그중 300여 점을 전시하고 있다. 나머지는 수장고에 있다.

박여송(61)은 진주 출신으로, 서울대 미대를 졸업한 뒤 이화여대에서 종이염색에 관한 연구로 석사학위를 받았다. 이후 그는 정보통신부 우표 디자이너로 일하다 1981년 남편을 따라 인도에서 머물면서 칼람카리(인도 전통염색 기법)를 전수받았다. 2006년 2월 경남문화예술회관에서 전통염색으로 만든 넥타이로 전시회를 갖기도 했다.

♠ 금마초등학교

금마초등학교는 1949년 9월 3일 개교해 2007년 3월 1일 문을 닫았다. 폐교 당시 부지 7,267㎡, 건물 총면적 778.96㎡가 남았다.

전화 033-375-2883
위치 강원도 영월군 주천면 송학주천로 899-6(금마1리 1087-1)
관장 박여송
관람시간 10:00~18:00(동절기 ~17:00), 월요일 휴관, 입장료 5,000원
웹사이트 http://blog.naver.com/indianart

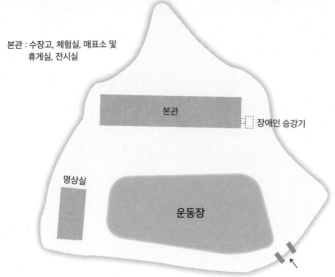

본관 : 수장고, 체험실, 매표소 및
휴게실, 전시실

본관

장애인 승강기

명상실

운동장

우리나라에는 언론박물관이 하나도 없다. 신문박물관이라는 이름
으로 일부 신문사가 운영하고 있지만 전체 언론과 그 역사를 한눈에
조망할 수 있는 박물관은 아직 조성되지 않았다. 언론이 곧 기록의
문화이거늘 정작 언론 스스로를 기록하고 정리하는 일에는 둔감했
다. 그런 점에서 강원도 영월의 영월미디어기자박물관은 작은 규모
에도 불구하고 그 설립 취지와 의미가 특별하다고 하겠다.

영월미디어기자박물관의 운영자는 〈한국일보〉 사진기자 출신의
고명진(63) 관장이다. 그가 현역 활동을 하면서 대학에도 출강했는
데, 그때의 강의 자료로 하나씩 준비했던 것이 지금의 박물관 자료가
됐다고 그는 말했다. 어떤 것은 그가 직접 마련했고, 또 어떤 것은 선
후배들로부터 건네받았다. 그렇게 수집한 것이 4천 점에 이른다. 그
중 사진이 3천여 점으로 대부분을 차지하며, 나머지는 완장, 비표와
같은 취재 현장의 크고 작은 기물들이다.

영월미디어기자박물관에서 가장 먼저 눈길을 잡은 것은 엉뚱하게
도 본관 건물 외벽에 걸린 커다란 걸개그림이었다. 〈한국일보〉 편집
국의 마감 5분 전 상황을 만화로 묘사한 것인데, 고(故) 김용환 화백
이 1970년대 중반에 그려 '한국일보 30년사'에 수록돼 있던 그림을
확대 복사한 것이라고 고 관장은 설명했다. 그림에는 편집국의 신문
제작 풍경이 자세히 그려졌다. 데스크와 협의하는 기자들, 마감을 먼

저 끝내고 느긋하게 커피를 마시고 있는 기자들, 마지막 대장을 신중한 표정으로 검토하는 데스크들, 전화통에 매달려 긴박한 표정을 짓는 기자들, 긴급하게 대장을 건네주는 사환들까지…. 그 와중에도 외부 손님이 찾아온다. 그 사람은 제보자일 수도, 전날 기사에 대해 항의하러 온 사람일 수도 있겠다. 그러나 옷차림으로 봐서 자신에게 불리한 기사를 막기 위해 급히 찾아온 정치인이나 경제인일지도 모른다. 그중 가장 흥미로운 인물은 편집국장 오른쪽에서 이 그림을 그리고 있는 화백이었다. 벽에 걸린 시계는 1시 5분 전을 가리키고 있다. 〈한국일보〉가 조간임을 감안할 때 아마 마감 시간인 오전 1시가 아닌가 짐작된다.

미디어기자박물관은 미디어에 대한 청소년의 올바른 이해를 돕기 위해 2012년 5월 24일 문을 열었다. 3개 전시실과 야외전시실, 프레스룸으로 꾸몄으며, 우리나라 신문 역사와 각종 미디어 용품을 전시하고 있다. 용품 중에는 현장 기자들이 직접 사용한 사진기와 출입기자증, 비표, 타자기 등이 포함돼 있다. 고 관장은 "미디어기자박물관이라

고명진 제공

고 거창한 이름을 붙였지만 미국이나 프랑스에 있는 거대한 박물관과는 차원이 다르다"며 "그저 어린이나 청소년들이 1일 기자 체험을 통해 역사의 파수꾼이라고 불리는 기자의 세계를 이해하고 현장 보도의 소중한 가치를 배웠으면 하는 바람에서 문을 열었다"고 답했다.

제1전시실은 기자들의 완장, 비표, 검열된 보도자료, 한국보도사진전의 역대 수상작, 현직 사진기자들의 사진 등이 전시되었고, 제2전시실은 〈한성순보〉부터 최근 보도자료까지 비치해 우리나라 신문 역사를 간단하게나마 짚어볼 수 있도록 했다. 1960~70년대 방송기자들의 취재용품과 기자들의 복장을 재현한 코너도 흥미롭다. 제3전시실에는 국내 정기간행물 1천800여 점과 기자들의 저서, 언론 관련 서적 등을 비치했다.

💬 전화 인터뷰 - 고명진

_ 영월과의 인연은?

부친 고향이 함흥이다. 6·25전쟁 때 부산으로 피란을 와서 나를 낳았다. 하지만 5세 때 서울로 이사했다. 영월은 2011년 귀촌과 함께 인연을 맺었다.

_ 왜 폐교를?

처음에는 처의 고향인 단양으로 갈 생각이었다. 그런데 단양에서 가까운 영월에서 폐교를 박물관으로 활용할 수 있다는 소문을 듣고 신청했는데 덜컥 받아들여졌다.

신천초등학교 여천분교는 1998년 폐교됐다. 이듬해인 1999년부터 영월 첫 박물관인 책박물관이 들어섰다가 사적인 이유로 폐관하는 바람에 영월미디어기자박물관이 들어설 수 있었다고 고 관장은 설명했다.

_ 재정적 어려움은?

박물관은 자료 수집에서 돈이 많이 든다. 그러나 영월미디어기자박물관에는 큰돈을 들인 자료가 거의 없다. 공간도 영월군의 무상 임대다. 사실 수익모델이 마땅치 않아 무상 임대가 아니라면 운영하기 힘들다.

_ 박물관으로 폐교를 활용하는 게 좋나?

박물관으로서는 한계가 많다. 특히 빗물 방지가 힘들고, 습기, 항온, 항습에도 취약하다. 우리도 가습기나 제습기를 사용하는 등 아주 기초적인 수준에서 벗어나지 못하고 있다.

_ 폐교에 대한 주민들의 시선은?

폐교는 마을 문화공간이다. 이 때문에 대부분의 마을사람들이 외지인의 활용에 거부반응을 보인다. 영월미디어기자박물관도 마찬가지다. 마을사람들은 아무리 좋은 박물관이라고 해도 폐교에 들어서는 데 동의하지 않는다. 외지인이 와서 돈을 버는 공간으로 오해하는

아이들에게 사진에 대해 설명하고 있는 고명진 관장(왼쪽)과 마을영화관. 고명진 제공

것이다. 이 때문에 더욱더 많은 친화 노력을 펼쳐야 한다.

_ 친화작업은?

매월 마지막 수요일 '마을영화관'을 개설하고 있다. 이때 식사도 대접하는데, 이런 과정을 통해 조금씩 외지인에 대한 선입견을 걷어 낸다. 박물관은 지원 사업이 많다. 토요문화학교도 그중 하나인데, 일부러 주민에게 친화적인 프로그램을 짠다. 이밖에 주변 5개 분교에 대해 졸업앨범을 무료로 제작해주는 재능기부도 하고 있다. 졸업생이 한 해에 5~6명에 불과해 큰돈 들이지 않고 호감을 살 수 있다. 강원문화재단에서 지원받는 '시니어 신문 만들기'도 주민과 소통하는 데 좋은 계기가 됐다.

_ 어떻게 활용하는 게 좋을까?

폐교 문화공간은 선주민뿐 아니라 귀촌자들에게도 유용하다. 영월만 하더라도 귀촌자가 10%가량 되는데, 이들이 선주민들과 함께 호흡할 수 있는 공간이 거의 없다. 이런 점에서 각 지역에 방치된 폐교를 문화공간으로 활용한다면 기존 주민과 새로운 주민들과의 관계를 개선하는 데 큰 도움이 될 수 있을 것으로 본다. 우리의 경우에도 도시에서 살다 들어온 귀촌자들을 중심으로 재능기부를 받아 서로를 알게 하고, 궁극적으로 선주민들과의 불편한 관계도 해소할 수 있도록 돕고 있다. 예를 들어 최근 개설된 서각, 서예, 목각 교육 프로그램의 경우 재능이 있는 귀촌자들을 강사로, 다른 귀촌자들은 학습자로 만난다. 이런 과정을 거쳐 어느 정도 학습이 진행되면 전시회를 통해 서로를 격려하는 시간도 가질 예정이다. 소통의 공간으로서 폐교 문화공간은 의미가 크다.

_ **방문객은 얼마나?**

2013년 4천여 명, 2014년 6천여 명이었고, 2015년에는 1만 명 이상을 기대하고 있다. 특히 2014년부터 중학교 1학년생에 대해 자유학기제가 시행되고 있어 큰 도움이 될 것 같다(영월미디어기자박물관은 2014년 강원도교육청 진로학습체험 우수기관으로 선정됐다).

고명진(63) 관장은 〈경향신문〉과 〈서울신문〉을 거쳐 〈한국일보〉 사진기자로 26년 동안 일하다 2006년 명예퇴직했다. 이후 뉴시스에서 편집상무를 끝으로 2012년 현역을 완전히 떠났다. 1994~97년 한국사진기자회 회장을 역임했고, 1997년 한국포토저널리즘학회 초대 회장도 맡았다. 그는 자신의 최고 사진으로 1987년 6·10항쟁 때 부산의 거리에서 촬영한 '아! 나의 조국'을 꼽았다. 비폭력 항쟁을 상징적으로 묘사한 이 사진은 2000년 AP통신이 선정한 '금세기 100대 사진' 목록에 포함됐다. 당시 한국인 작품은 단 두 점뿐이었다고 한다.

♠ **신천초등학교 여촌분교**

신천초등학교 여촌분교는 1963년 9월 1일 개교해 1998년 3월 1일 문을 닫았다. 폐교 당시 2학급 10명의 학생이 있었고, 재산은 10,024㎡ 부지에 6개 동의 건물(총면적 431.9㎡)이 남았다. 폐교는 2009년 4월 10일 영월군이 2억 9천800만 원에 매입해 영월미디어기자박물관에 무상 임대하고 있다.

전화 033-372-1094
위치 강원도 영월군 영월읍 서강로 1094(한반도면 광전리 271-2)
관장 고명진
관람시간 10:00~18:00(월요일 휴관), 입장료 5,000원

보도사진 야외전시판

'아! 나의 조국' 고명진 제공

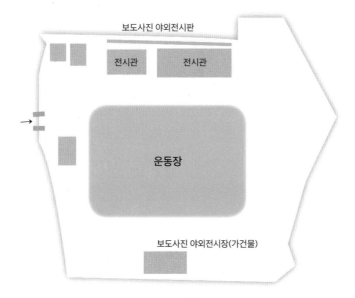

보도사진 야외전시판

전시관

전시관

운동장

보도사진 야외전시장(가건물)

폐교, 문화로 열리다

초판 1쇄 발행 2015년 5월 30일

지은이 백현충
펴낸이 강수걸
편집장 권경옥
편집 양아름 문호영
디자인 권문경 박지민
펴낸곳 산지니
등록 2005년 2월 7일 제14-49호
주소 부산광역시 연제구 법원남로15번길 26 위너스빌딩 203호
전화 051-504-7070 | 팩스 051-507-7543
홈페이지 www.sanzinibook.com
전자우편 sanzini@sanzinibook.com
블로그 http://sanzinibook.tistory.com

ISBN 978-89-6545-299-7 03300